Golf

111 Tips zur Platzreife

D1925020

Golf

111 Tips zur Platzreife

Von Richard Kerler

humboldt

Sport & Fitneß

humboldt paperback 947

Der Autor:
Richard Kerler, im Management eines Großverlags tätig, war früher Skirennläufer und hat als begeisterter Sportler sein Wissen und seine Erfahrungen im Sport bereits in eine Reihe von erfolgreichen Büchern eingebracht.

Hinweis für den Leser:
Alle Angaben wurden von Autor und Verlag sorgfältig recherchiert bzw. überprüft. Dennoch kann eine Gewähr nicht übernommen werden.

Umschlaggestaltung: Wolf Brannasky, München
Umschlagfoto: Fotostudio Bornemann, München
Fotos im Innenteil: wie jeweils angegeben; alle anderen von Christine Kerler
Zeichnungen im Innenteil: Gerlind Bruhn, Hamburg

Druck: Aprinta, Wemding
Printed in Germany
ISBN 3-581-66947-1

1 2 3 * 96 95 94

Inhaltsverzeichnis

Zu diesem Buch 9

Der Griff 10

1 Den Griff im Balance-Test überprüfen 10
2 Die Hand am Griff sollte einen Hohlraum bilden 11
3 Beim Griff an den Zahnpasta-Effekt denken 11
4 Drehen Sie die linke Hand 12

Das Ansprechen des Balls 15

5 Spielen Sie Pilot 15
6 Nehmen Sie auf dem Barhocker Platz 16
7 Blick auf dem Ball 17

Die Standposition 18

8 Den Uhrzeigerstand einnehmen 18
9 Wählen Sie einen etwas modifizierten Stand bei Holz 19
10 Die Haltung wie ein Baumeister ausmitteln 19
11 Die optimale Stellung suchen 21

Der Abschlag 22

12 Mit dem Tee Orientierungshilfe geben 22
13 Die Stellung des Schlägerblatts beachten 23
14 Nicht auf den Ball schlagen, sondern durch ihn hindurch 26
15 Immer an das 7er Eisen denken 27
16 Denken Sie beim Abschlag an den Galgen 27
17 Nicht den Boden attackieren 28
18 Vermeiden Sie das Toppen von Bällen 29
19 Orientieren Sie sich beim Schlagen an einem Zifferblatt 30
20 Das Knie hinter den Ball 31
21 Bringen Sie Ruhe in Ihr Spiel 33
22 Alles auf die Reihe bekommen 33

Der Rückschwung 35

23 Den rechten Fuß richtig belasten 35
24 Mit dem Knie, lieber Golfer 36
25 Nicht den Kopf absenken 37

Der Abschwung 38

26 Beim Abschwung die Hose strammziehen lassen 38
27 Den Schwung dosieren 39
28 Den linken Arm nicht in ein Korsett zwängen 41

Der Durchschwung 42

29 Mit dem Besen trainieren 42
30 Schwünge mit dem Bierkasten 43
31 Versuchen Sie es mit dem Fußball 44
32 Auch die Arme sollten entspannt sein 45
33 Schaukeln Sie wie die Kinder 47

Der Gesamtschwung 48

34 Immer das Gewicht verlagern 48
35 Golfbälle sind keine Suppeneinlage 52
36 Sexy wird die Hüfte bewegt 52
37 Den Bauchnabel als Orientierungshilfe verwenden 53
38 Mit dem Knieknick das Spiel verbessern 54

Die langen Schläge 55

39 Die Weite allein bringt noch nicht die Platzreife 55
40 Den linken Ellbogen beachten 56
41 Der Bauch als Geschütz 57
42 Nicht das Gleichgewicht verlieren 58
43 Den Ball als Lehrer akzeptieren 58
44 Die Bewegungen des linken Knies verringern 59
45 Mit der Hüftdrehung arbeiten 60
46 Auf Position spielen – nicht auf Distanz 61

Der Chip und Pitch 62

47 Kurze Schläge mit dem Korbtrick üben 62
48 Beim Chippen nicht über den Abschlag wischen 63
49 Chippen mit System 63
50 Vermeiden Sie beim Chippen das unkontrollierte Schwingen 64
51 Beim Pitchen mit dem Fahnen-Trick arbeiten 65

52 Auf der Achterbahn Platz nehmen 65
53 Chippen mit Hindernis 66

Das Putten 67

54 Den Putt nicht unterbewerten 67
55 Beim Putten die Schlagrichtung beachten 68
56 Beim Putten nicht köpfen 69
57 Putten mit offenem Stand 70
58 Beim Putten einen Zielpunkt suchen 70
59 Blind Putten üben 71
60 Putten Sie im Wohnzimmer 71
61 Putten mit dem Wurfballsystem 72
62 Beim Putten den »Sweet Spot« genau treffen 73
63 Mit dem Straßeneffekt arbeiten 74

Das Spiel im Bunker 76

64 Im Bunker den Sand ins Visier nehmen 76
65 Von hinten aus dem Sandbunker schlagen 77
66 Den Ball mit dem Spiegelei-Effekt aus dem Sand schlagen 77

Die schwierigen Situationen 79

67 Bei aufwärts liegendem Ball lotrecht spielen 79
68 Bei Abwärtslage des Balls nicht in Glücksgefühle ausbrechen 80
69 Das »Wer bewegt wen« beachten 81

Die Taktik 82

70 Annähern und nicht volle Pulle 82
71 Vor dem Loch kein Risiko eingehen 83
72 An sich selbst glauben 84
73 Nicht zu hoch aufteen 84
74 Zum »Gras-Leser« werden 85
75 Lassen Sie sich nicht hetzen 85
76 Sicherheit ist angesagt 86
77 Denken Sie vorwärts und niemals zurück 87

Die besonderen Tips 88

78 Am Anfang nicht mit der Superausrüstung antreten 88
79 Den Platz ausspionieren 89
80 Immer vor dem Golfen aufwärmen 90
81 Beim Droppen die Möglichkeiten nutzen 93
82 Spielen Sie immer einen »provisorischen Ball« 93

83 Überwinden Sie Hindernisse – optisch 94
84 Die Angst vor harten Fairways bekämpfen 95
85 Führen Sie Tagebuch 95
86 Arbeiten Sie mit dem Spiegel-Trick 96
87 Immer das Ziel im Auge behalten 97
88 Im Wettstreit der Videos Schiedsrichter spielen 99
89 Als Zuschauer lernen 99
90 Relaxen ist angesagt 100
91 Das linke Handgelenk nicht abknicken 101
92 Der Stuhl-Trick 101
93 Stärken Sie Ihre Handgelenke 102
94 Beim Kauf von Golfbällen sparen 103

Wichtige Golfregeln 104

95 Zahl der erlaubten Schläger nicht überschreiten 104
96 Auf andere Spieler Rücksicht nehmen 105
97 Richtig verhalten, wenn der Ball auf einem falschen Grün landet 105
98 Den eingedrungenen Ball wieder in Schwung bringen 106
99 Dem Wasserhindernis trotzen 106
100 Bei seitlichem Wasserhindernis den Überblick nicht verlieren 107
101 Bei »Boden in Ausbesserung« richtig handeln 108
102 Beim Aufnehmen des Balls Sorgfalt walten lassen 108
103 Den verlorenen Ball beachten 109
104 Mit losen hinderlichen Naturstoffen problemlos umgehen 109
105 Bei beweglichen Hemmnissen die Muskeln spielen lassen 110
106 Mit unbeweglichen Hemmnissen richtig umgehen 111
107 Achtung, wenn sich der Ball bewegt 111
108 Einzelspieler sollen bescheiden sein 112
109 Zeitweilige Wasser erkennen 112
110 Auf dem Grün gelten besondere Regeln 113
111 Den »Ball im Spiel« beachten 113

Sprechen Sie Golfer-Deutsch 115

Zu diesem Buch

Sir Winston Churchill, der berühmte britische Premier-Minister, hat nicht nur Weltgeschichte geschrieben, sondern auch den Sport um manches Bonmot bereichert. Sein »no sports« gilt heute als beliebtester rhetorischer Schutzschild für alle Nichtsportler, die sich wegen ihrer muskelschonenden Lebensweise gegen Turnvater Jahns Enkel zu verteidigen haben. Der große Brite mit der dicken Zigarre konnte auch dem Lieblingssport seiner Kabinettskollegen und politischen Freunde nichts Positives abgewinnen. Golf war für ihn ein Sport, bei dem mit einem ungeeigneten Werkzeug »ein zu großer Ball in ein zu kleines Loch« geschlagen und gerollt werden sollte. Was er nicht anzweifelte: Der Ball findet doch sein Ziel – vorausgesetzt, ein Könner ist am Werk.

Damit aber nicht Möchtegern-Golfer mit vergeblichen Einlochversuchen die Plätze, Fairways und Greens blockieren, darf nur jener auf einem Golfplatz spielen, der auch die Platzreife nachweisen kann. Ähnlich wie bei der Führerscheinprüfung für den Autofahrer muß der Golfer seine Befähigung dokumentieren – in Theorie und Praxis. Keiner sollte die Prüfung zur Platzreife unterschätzen. Beim ersten Mal schaffen es nur ganz wenige. Meistens sind einige Prüfungen zu absolvieren und dementsprechend viel Geld in Trainerstunden zu investieren.

Das vorliegende Buch will helfen, möglichst schnell die Platzreife zu erreichen und damit auch das finanzielle Engagement in der Welt des Golfsports zu minimieren. Dabei werden bewußt keine Lehrmeinungen vertreten und zur Diskussion gestellt. Der Inhalt des Buches soll vielmehr als Sammlung von praktischen und schnell nachvollziehbaren Tips und Tricks verstanden werden. Gesammelt hat sie der Autor bei vielen guten Golfern und Golflehrern mit dem Ziel, durch diese Tips und Tricks möglichst schnell die Prüfung zur Platzreife zu bestehen. Dieses System hat sich bewährt. Die Anleitungen haben geholfen, kurze Zeit nach dem ersten Versuch, den Ball zu schlagen (in Wirklichkeit aber den Boden zu treffen), die begehrte Erlaubnis zum Spielen auf dem Platz zu erhalten und damit in den Kreis der Golfer aufgenommen zu sein.

Fazit: Es lohnt sich, die Tips und Tricks guter Golfer zu kennen und umzusetzen. Damit läßt sich in kurzer Zeit das Spiel verbessern und die Prüfung zur begehrten Platzreife bestehen.

Viel Spaß beim Golfen wünscht

Richard Kerler

Der Griff

Tip 1 Den Griff im Balance-Test überprüfen

Das Problem

Zu den häufigsten Fehlern von Anfängern gehört das Drehen des Griffs in der linken Hand. Dadurch ist keine genaue Führung des Schlägers gegeben. Als Folge werden die Bälle verzogen. Der Griff muß also festgehalten werden, ohne daß er zu dominant wirkt. Dabei ist es wichtig, wo Finger und Handballen zum Einsatz kommen. Die Fehlerquelle ist oft bereits hier zu suchen.

Lösung

Mit einem einfachen Test läßt sich vor dem Schlag feststellen, ob die Grundvoraussetzungen für das Festhalten eines Griffs gegeben sind. Dazu wird der Schläger wie für den Griff üblich in die linke Hand genommen. Dann läßt man den Griff frei balancieren, so daß er nur noch vom Handballen unter dem Daumen und den drei letzten Fingern der Hand festgehalten wird. Anders ausgedrückt: Der Schläger balanciert zwischen den beiden Fixpunkten Handballen und den drei letzten Fingern der Hand. Er darf dabei nicht nach vorn oder hinten kippen, geschweige denn nach rechts oder links ausweichen. Sobald er so in der Balance gehalten wird, kann er auch mit der Hand fest umschlossen werden.

Fazit

Vor jedem Schlag ist der korrekte Griff des Schlägers zu überprüfen. Wer schon mit einem falsch gehaltenen Schläger den Schwung beginnt, kann keine entscheidenden Korrekturen mehr erreichen.

Tip 2 Die Hand am Griff sollte einen Hohlraum bilden

Das Problem

Der richtige Griff verfolgt den Golfer lange Zeit. Besonders Anfänger und jene, die zur Prüfung der Platzreife antreten müssen, mißachten immer wieder den hohen Stellenwert des korrekten Griffs für das Gelingen präziser Schläge. Gerade wenn es um die Prüfung geht, wird im Hinblick auf den Griff geschludert. Gar mancher hat dadurch die Prüfung nicht bestanden.

Lösung

Es gibt einen einfachen Trick, der auch leicht zu befolgen ist. Wenn die linke Hand den Griff umfaßt, ist auf folgendes zu achten: Zwischen dem Schlägergriff und dem Handballen muß dort, wo der Handballen in den Daumen übergeht, ein Hohlraum – eine Art Luftblase – zu erkennen sein. Der Daumen liegt selbstverständlich auf dem Griff auf. Durch diesen einfachen Trick ist eine korrekte Haltung der Hand beim Greifen des Schlägers fast automatisch gegeben. Außerdem kann der Schläger optimal geführt werden. Linkshänder müssen umgekehrt verfahren.

Fazit

Viele Fehler lassen sich vermeiden, wenn der Schläger korrekt geführt wird. Wer sich vor jedem Schlag versichert, daß er den Schläger optimal in der Hand hält, wird weniger Fehler machen. Gerade bei der Prüfung zur Platzreife sollte dieser Check vor keinem Schlag vergessen werden.

Tip 3 Beim Griff an den Zahnpasta-Effekt denken

Das Problem

Jeder Anfänger kennt die Schwierigkeit von exakt geschlagenen Bällen. Warum wollen sie nicht die Richtung einnehmen, die ihnen vorgegeben wird? Und: Eigentlich habe ich doch alles gemacht, um den Schlag zum Erfolg werden zu lassen – die Standposition war korrekt, die Schwungphasen harmonisch, und doch macht der Ball, was er will. Woran liegt es wohl?

Lösung

In vielen Fällen ist der Grund für einen schlechten Schlag in einem simplen Fehler zu finden: Der Griff wird mit den Händen zu fest umklammert. Also: Vermeiden Sie solche Umklammerungsakte. Die so entstehende Spannung kann den Schlag negativ beeinflussen. Zugegeben, einem Anfänger ist das schwer klarzumachen. Folgender Trick kann helfen: Stellen Sie sich vor, Sie würden statt des Griffs eine offene Zahnpastatube in der Hand halten. Wenn Sie zu stark drücken, pressen Sie die Paste heraus – in unserem Fall gefährden Sie einen erfolgreichen Schlag.

Fazit

Gehen Sie sensibel mit dem Griff Ihres Golfschlägers um.

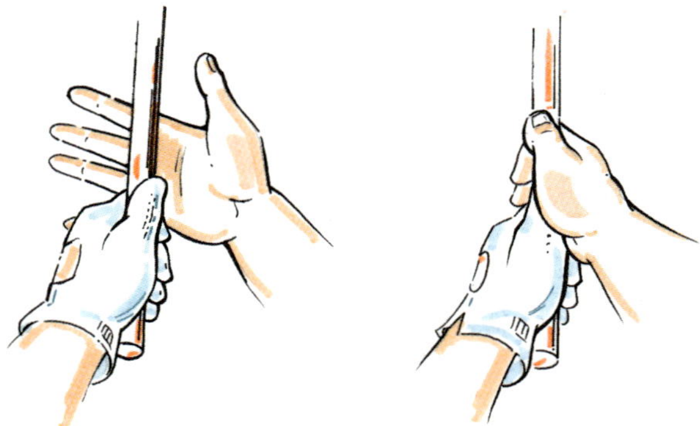

Tip 4 Drehen Sie die linke Hand

Das Problem

Viele Golfer neigen dazu, ihre Schläge zu verziehen. Insbesondere der Rechtsdrall wird oft gepflegt. Wem dies schon beim ersten Abschlag widerfährt und seinen Ball ins Aus fliegen sieht, der tritt meist mit Frust zu den nächsten Abschlägen an und wird kaum zu einem schönen und vor allem erfolgreichen Spiel finden.

Lösung

Achten Sie auf jeden Fall auf das V, das durch den linken Daumen und den linken Zeigefinger gebildet wird. Je weiter Sie dieses Dreieck drehen, um so mehr verändert sich die Schlagrichtung. Wenn Ihr Ball einen Rechtsdrall hatte, versuchen Sie es doch einmal mit folgendem Trick: Drehen Sie die linke Hand mehr nach rechts. Dadurch werden Sie den Ball auch eher rechtwinklig treffen. Natürlich dürfen Sie die Drehung nicht übertreiben.

Fazit

Wer an dem V aus Daumen und Zeigefinger der linken Hand »dreht«, kann seine Zielrichtung verändern.

So läßt sich der weit verbreitete Griff-Fehler vermeiden, der zu nicht gewollten Richtungsänderungen des Balls führt. Legen Sie den Schlägergriff quer in die linke Hand (bei Rechtshändern, sonst umgekehrt). Er muß dabei auf dem Zeigefinger und dem Handballen so balanciert werden können, daß er Halt findet und auf keinen Fall herunterfällt. Diese Griffübung hilft auch, mehr Vertrauen in den Griff mit der linken Hand zu bekommen und das zu starke Greifen mit der rechten Hand zu vermeiden.

Beim Schließen des Griffes darauf achten, daß der Daumen auf dem Griff zum Liegen kommt.

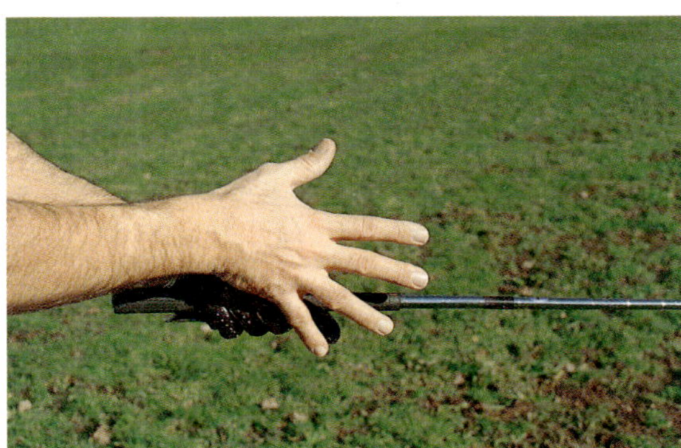

Um den Schläger richtig zu fassen, muß die rechte Hand über die linke greifen.

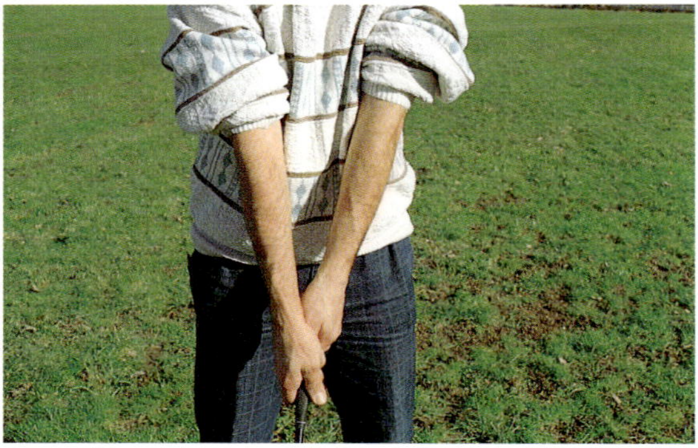

Die Stellung der Arme soll so gewählt werden, daß ein Dreieck gebildet wird.

Das Dreieck kann auch geübt werden, indem ein Ball zwischen Zeigefinger und Daumen gepreßt wird.

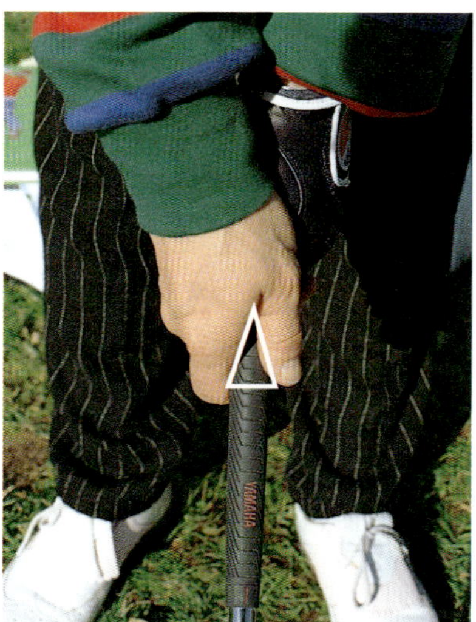

Der rechte Daumen und der Ansatz des Zeigefingers müssen ein Dreieck bilden.

Das Ansprechen des Balls

Tip 5 Spielen Sie Pilot

Das Problem

Beim Golfen kommt es auf eine Vielzahl von Einzelaktivitäten an, die aufeinander abgestimmt werden müssen. Das gilt insbesondere für einen optimalen Schlag. Dabei müssen nicht nur die Bewegungen aufeinander abgestimmt sein, sondern auch noch andere Kriterien Beachtung finden. Da gilt es zum Beispiel, ein sehr weit entferntes Ziel anzuvisieren oder aus einer schwierigen Lage heraus den Ball zu schlagen. Das Problem, das dabei oft auftaucht, ist, daß der Golfer vor dem Schlag und dann bei der Durchführung die Einzelaktivitäten nicht mehr beachtet und dadurch das erwartete Ergebnis gefährdet.

Lösung

Es nutzt dem Golfer wenig, nach dem Prinzip Hoffnung den Ball zu schlagen und zu erwarten, mit viel Geschicklichkeit und Glück würde der Ball schon dort landen, wo er ihn haben möchte. Meist kommt es anders, als man denkt und hofft. Was ist zu tun? Verhalten Sie sich wie ein Pilot vor dem Start eines Flugzeugs. Gehen Sie im Geist noch einmal alle notwendigen Schritte für einen optimalen Schlag durch. Überprüfen Sie auch die Standposition zum Ziel, die Distanz, die gedachte Schlaglinie, den einzusetzenden Druck auf den Schläger und alle anderen Kleinigkeiten, die aber große Wirkung auf das optimale Gelingen haben können.

Fazit

Was sich im Vorfeld eines Schlags abspielt, trägt maßgeblich zum Erfolg bei.

Tip 6 Nehmen Sie auf dem Barhocker Platz

Das Problem

Es gibt insbesondere bei Anfängern immer wieder Probleme mit der Flexibilität der Knie. Viele wissen nicht so recht, ob sie die Knie durchdrücken sollen – und wenn, wie stark. Die einen stehen steif wie die Gardesoldaten vor dem Buckingham-Palast, die anderen gehen in die Knie wie zum Gebet. Die Wahrheit liegt wie immer zwischen beiden Extremen. Aber wo genau?

Lösung

Von einem Golfprofi stammt die Empfehlung, es doch mit einem Trick zu versuchen. Stellen Sie sich vor, Sie würden auf der Kante eines hohen Barhockers sitzen. Dies ist dann auch Ihre Ansprechposition. Damit gehen Sie sicher, eine gute Ausgangsstellung für den Schwung einzunehmen.

Fazit

Viele Komponenten führen zu einem guten Schlag – die Beinstellung gehört sicher dazu.

Tip 7 Blick auf den Ball

Das Problem

Ein Golfer muß schon ein Multitalent sein: Immer ist er gezwungen, auf viele Einzelheiten zu achten – Stand, Körperdrehung, Schwungphasen usw. Dazu kommen noch die vielen Unwägbarkeiten, was die Fairways und Greens betrifft. Wie leicht hat es da ein Radsportler, der nur der Straße und seinem Fahrrhythmus Beachtung schenken muß. Eine der wichtigsten Golfregeln lautet: »Richte deinen Blick auf den Ball.« Doch wie, wenn so viele andere Dinge zu beachten sind?

Lösung

Wenn der Ball von einem Tee geschlagen wird, ergibt sich ein einfacher Trick, das Auge auf den Ball zu konzentrieren. Der Ball wird in diesem Fall so aufgelegt, daß der aufgedruckte Herstellername dort zum Liegen kommt, wo der Ball mit dem Schlägerblatt getroffen werden soll. Der Blick muß während des Schwingvorgangs ständig auf diesen Markennamen gerichtet sein. Dadurch wird der Golfer in die Lage versetzt, den Schwung korrekter auszuführen, den Kopf nicht zu stark zu bewegen und ihn insbesondere beim Auftreffen des Schlägers auf den Ball hinter dem Ball – in einer gedachten senkrechten Linie zum Boden – zu halten.

Selbstverständlich ist dieser Trick nicht möglich, wenn der Ball im Spiel nicht mehr vom Tee geschlagen werden kann. Es würde gegen die Regeln verstoßen, den Ball in eine solche Lage zu versetzen, daß der Markenname zu sehen ist. Doch wer beim Abschlag vom Tee den Trick oft genug einsetzt, wird später auch ohne sichtbaren Markennamen den Blick nicht mehr vom Ball abwenden.

Fazit

Die alte Golferregel, den Blick auf den Ball zu konzentrieren, hat sich in keiner Weise aufgehoben. Nur: Die Tricks, dies auch sicherzustellen, sind vielleicht variantenreicher geworden.

Die Standposition

Tip 8 Den Uhrzeigerstand einnehmen

Das Problem

Es gibt so viele Lehrmeinungen über den exakten Stand der Füße beim Durchschwingen und Schlagen des Balls. Selbstverständlich kommt es oft auf verschiedene Kriterien an. Auch ganz individuelle Einstellungen spielen eine Rolle. Gibt es eine Grundregel für die Fußstellung?

Lösung

Der Einsteiger in den Golfsport muß seine Fußstellung immer wieder korrigieren und sollte sich deshalb auf eine Faustregel festlegen, um sich dann auf andere wichtige Kriterien wie Schwung, Haltung der Arme, Schulterstellung usw. konzentrieren zu können. Deshalb raten viele Golflehrer, sich als Grundstellung der Füße einzuprägen: Fünf Minuten vor und fünf Minuten nach. Das heißt: Bei einem Stand mit gespreizten Beinen müssen die Füße so gestellt sein, als ob eine Uhr zum Beispiel fünf Minuten vor sechs und fünf Minuten nach sechs anzeigt. Dadurch lassen sich präzisere und sichere Schwünge erreichen.

Fazit

Es macht am Anfang wenig Sinn, die Stellung der Füße zu stark zu variieren. Mit dem Uhrzeigerstand wird eine sinnvolle Basis erreicht.

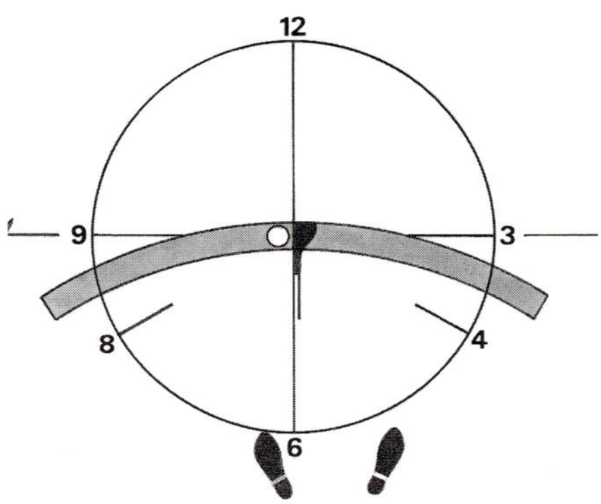

Tip 9 Wählen Sie einen etwas modifizierten Stand bei Holz

Das Problem

Besonders Anfänger haben gerade zu Beginn ihrer Golfkarriere Probleme mit langen Hölzern. Sie kommen ihnen unhandlich, ja sogar unheimlich vor. Die Folge sind Fehlschläge, wobei am Anfang vor allem der Boden am Abschlag zu leiden hat. Geradezu magisch bohren sich die Hölzer in den Boden.

Lösung

Versuchen Sie, die innere Überzeugung zu festigen, daß es im Prinzip kaum Unterschiede für das Schlagen von Eisen und von Holz gibt. Die Länge von Hölzern gegenüber derjenigen von Eisen mag den Anfänger im ersten Augenblick verblüffen, er wird sich aber schnell daran gewöhnen. Um ihm die Umstellung zu erleichtern, sollte er seinen Stand den neuen Gegebenheiten anpassen. Manche Golfprofis raten zu einer Standposition, bei der die Füße etwas enger zueinander gestellt werden – im Vergleich zu der bei Eisen. Mit dieser leicht modifizierten Standposition wird die rechte Schulter bei der Schlagbewegung aus dem Weg genommen. Die Drehbewegung wird erleichtert.

Fazit

Jegliche Angst vor den längeren Hölzern ist unbegründet. Mentale Sperren schnell abbauen – auch mit kleinen Tricks wie dem einer korrigierten Standposition.

Tip 10 Die Haltung wie ein Baumeister ausmitteln

Das Problem

Die richtige Haltung beim Führen des Schlägers entscheidet über den Erfolg. Das gilt sowohl für die Länge des Schlags als auch für die Zielgenauigkeit. Was immer der Lehrer in dieser Hinsicht vermittelt hat, greift später oft nicht mehr. Selbstdisziplin ist notwendig. Gleichzeitig aber auch ein ständiger Check, ob die Haltung noch perfekt ist. Zu den wichtigsten Fehlern gehört, die Hände zu weit vor oder hinter dem Körper zu führen.

Lösung

Ein einfacher Trick hilft, die ideale Position zu finden. Zu berücksichtigen ist dabei eine wichtige Regel: Hände unter das Kinn. Dabei ist nicht gemeint, das Kinn auf die Hände aufzulegen. Vielmehr müssen die Hände in einer gedachten senkrechten Linie unter dem Kinn geführt werden. Das Kinn und die Hände liegen also auf einer gedachten Linie vom Himmel zum Boden. Selbstverständlich bleibt der übliche Abstand zwischen dem Kinn und den den Schläger umfassenden und führenden Händen erhalten. Um diese Stellung abzusichern, empfiehlt sich folgendes Vorgehen: An einer etwa 60 Zentimeter langen Schnur wird ein leichtes Gewicht befestigt. Der Golfer nimmt nun das Ende der Schnur zwischen die Zähne. Durch das Gewicht wird die Schnur genau senkrecht zum Boden nach unten gezogen. Das Gewicht muß jetzt auf die Hände zeigen, die den Golfschläger umfassen. In dieser Position wird der Golfschläger hinter dem Ball in Abschlagrichtung aufgesetzt und in Position gebracht.

Drei Schritte für eine bessere Position zum Ball:

1. Schritt: Der Schläger wird mit ausgestreckten Armen möglichst waagerecht zum Boden gehalten.

Fazit

Vor jedem Schlag sollte die Körperhaltung überprüft werden. Im Sinne der hier erwähnten Übung kann beim Spiel auf dem Platz die Haltung noch korrigiert werden durch eine jetzt gedachte Linie zwischen dem Kinn und den den Golfschläger umfassenden Händen.

2. Schritt: Aus der waagerechten Position den Schläger auf den Boden absenken.

Schritt 3: Körperhaltung und Fußstellung anpassen.

Tip 11 Die optimale Stellung suchen

Das Problem

Wenn es um die korrekte Position des Golfers zum Ball geht und damit um die richtige Ansprechposition, dann ergeben sich immer wieder Probleme. Dabei ist gerade diese Ausgangslage von entscheidender Bedeutung für den Erfolg der Schläge. Bei allen Lehrmeinungen und Regeln konzentriert sich der Erfolg immer wieder auf das persönliche Herausfinden der besten Ansprechposition. Und dazu bedarf es vieler Übung und auch mancher Experimente, bei denen allerdings der Golflehrer zum wichtigsten Verbündeten zählt. Wenn es dann um die Prüfung zur Platzreife geht, ist man ohne Hilfe. Deshalb sollte man in diesem Fall auf Sicherheit gehen.

Lösung

Es gibt eine simple Methode, den korrekten Abstand vom Ball und die richtige Position für das Ansprechen des Balls zu finden. Das gilt für jedermann, ob er nun groß oder klein, dick oder dünn ist. Dazu nimmt man Aufstellung, indem beide Füße, die Fußspitzen parallel, eng nebeneinander stehen. Der Schläger wird mit dem üblichen Griff gefaßt, die Arme mit dem Schläger werden ganz nach vorn gestreckt. Arme und Schläger werden also parallel zum Boden gehalten. Anschließend beugt man den Oberkörper in der gestreckten Armlage nach vorn, bis – bei gestreckten Beinen – der Schlägerkopf den Boden berührt. Jetzt werden die Beine in die normale Golfstellung gespreizt und die Knie leicht gebeugt. Dieses Experiment eignet sich auch gut für zu Hause, um die genaue Ansprechposition einzuüben. Auf dem Platz mag die Stellung etwas sonderbar anmuten. Wenn es jedoch um eine entscheidende Prüfung geht wie die Platzreife, sollte sich niemand hindern lassen, auf Sicherheit zu gehen.

Fazit

Wer nicht die optimale Ansprechposition findet, wird es sehr schwer haben, mit exakten Schlägen gute Ergebnisse zu erzielen.

Verschiedene Schläger verlangen unterschiedliche Positionen des Balles.

Der Abschlag

Tip 12 Mit dem Tee Orientierungshilfe geben

Das Problem

Auf den Schlägerkopf kommt es an. Wird mit ihm der Ball zu hoch oder zu niedrig getroffen, verändert sich die Flugbahn ebenso als wenn der Kopf nicht quer auf den Ball trifft. Ein anderes Problem, mit dem sich Anfänger herumplagen müssen, ist ihre Neigung, den Schlägerkopf beim Aufschwung zu schnell nach oben zu bringen. Das kann insbesondere beim Einsatz von Hölzern fatale Folgen nach sich ziehen.

Lösung

Um das zu schnelle Anheben beim Rückschwung zu vermeiden, bietet sich vor allem ein Trick an, der allerdings nur auf der Driving Range beim Training eingesetzt werden kann. Stecken Sie ein Tee etwa 30 bis 40 Zentimeter hinter dem aufgeteeten Ball in den Boden. Beim Aufschwung müssen Sie jetzt darauf achten, daß Sie das Tee berühren, was sich später leicht nachweisen läßt. Es muß nach rechts zeigen oder ganz umgekippt sein. Dadurch haben Sie die Gewähr, daß Sie den Schläger beim Aufschwung flach am Boden führen.

Fazit

Es sind die Kleinigkeiten, auf die es beim Schlag ankommt. Es gilt, sie genau zu beachten.

Tip 13 Die Stellung des Schlägerblatts beachten

Das Problem

Es ist die Schwierigkeit, die viele Golfspieler nicht meistern können – den Ball in die gewollte Richtung zu schlagen. Insbesondere Anfänger haben damit ihre Probleme. Der Ball fliegt nach links oder nach rechts. Nur die erhoffte und auch vermeintlich angepeilte Mitte verweigert er. Warum? Die Haltung, der Griff und vieles mehr spielen eine Rolle. Letztlich kommt es aber auch darauf an, wie das Schlägerblatt den Ball trifft.

Lösung

Halten Sie sich immer vor Augen, daß der Winkel, in dem das Schlägerblatt auf den Ball trifft, von entscheidender Bedeutung ist. Bei einem offenem Schlägerblatt tendiert der Ball in eine Richtung nach rechts. Bei einem geschlossenen Schlägerblatt tendiert der Ball nach links. Wird das Schlägerblatt im rechten Winkel zum Ball gehalten und trifft es den Ball auch so, dann bewegt sich der Ball in gerader Richtung.

Fazit

Lassen Sie sich auf keinen Fall täuschen. Der Ball folgt physikalischen Gesetzen. Und die können Sie auf einem Tisch mit einem Ball und einem Lineal, das als Schlägerblatt dient, leicht nachvollziehen.

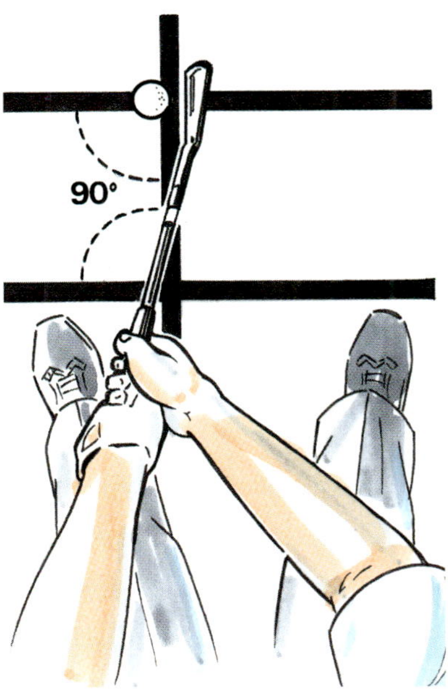

Auch mit dem Holz muß der Ball genau getroffen werden, um eine exakte Flugbahn zu erreichen. (Foto: Spalding/ Fetzer)

Flugrichtungen der Bälle entsprechend der Ausrichtung des Schlägerblatts. (Foto: Mizuno)

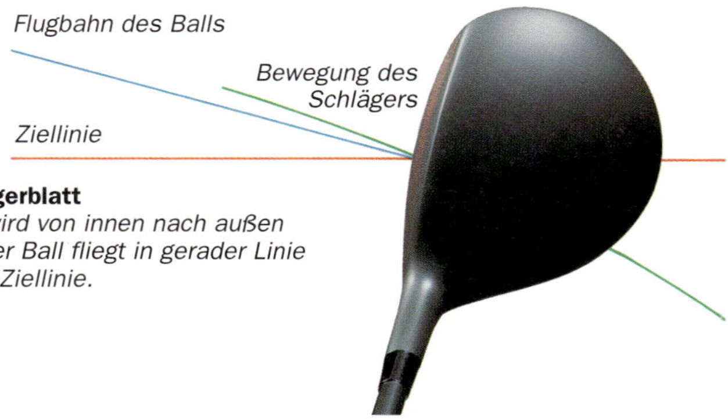

Offenes Schlägerblatt
Der Schläger wird von innen nach außen geschlagen. Der Ball fliegt in gerader Linie rechts von der Ziellinie.

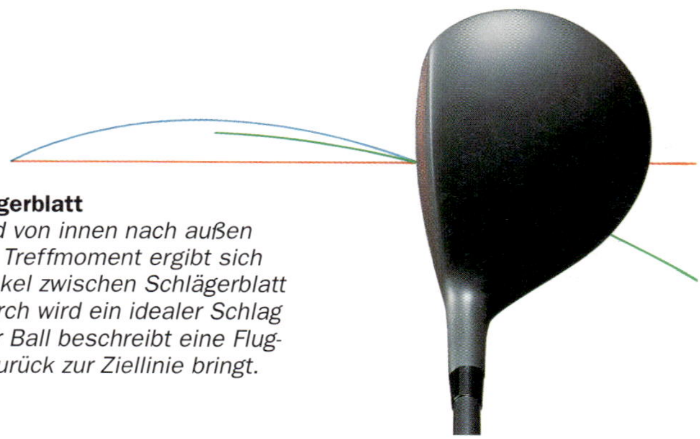

Gerades Schlägerblatt
Der Schlag wird von innen nach außen ausgeführt. Im Treffmoment ergibt sich ein rechter Winkel zwischen Schlägerblatt und Ball. Dadurch wird ein idealer Schlag ermöglicht. Der Ball beschreibt eine Flugbahn, die ihn zurück zur Ziellinie bringt.

Geschlossenes Schlägerblatt
Es kommt zu einem Hook. Der Ball beschreibt eine starke Linkskurve.

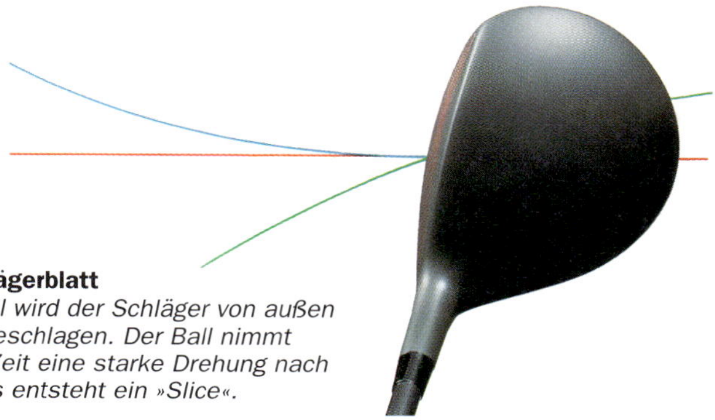

Offenes Schlägerblatt
In diesem Fall wird der Schläger von außen nach innen geschlagen. Der Ball nimmt nach kurzer Zeit eine starke Drehung nach rechts ein. Es entsteht ein »Slice«.

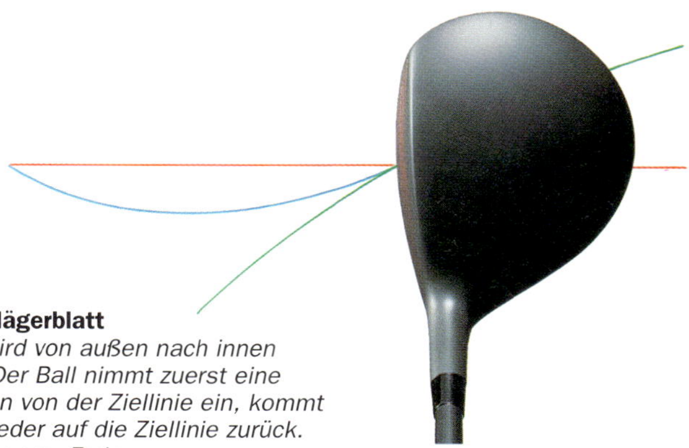

Gerades Schlägerblatt
Der Schlag wird von außen nach innen ausgeführt. Der Ball nimmt zuerst eine linke Flugbahn von der Ziellinie ein, kommt aber dann wieder auf die Ziellinie zurück. Wir sprechen vom »Fade«.

*Der Schlag erfolgt von außen nach innen. Es ergibt sich beim Treffmoment ein **geschlossenes Schlägerblatt**. Der Ball landet schließlich links von der Ziellinie. In der Golfersprache nennt sich das »Pull«.*

Tip 14 Nicht auf den Ball schlagen, sondern durch ihn hindurch

Das Problem

Alles ist für einen präzisen Schlag genau vorbereitet, und doch stellt sich nicht der erwartete Erfolg ein. Man trifft den Ball zu hart, zu weich, toppt ihn oder schlägt ihn in eine Richtung, die nicht vorgesehen war – in den Boden, himmelwärts oder sonstwohin. Großer Frust ist oft die Folge. Und der überträgt sich vielleicht noch auf die nächsten Schläge.

Lösung

Mit einem einfachen Trick läßt sich dieses Problem beheben. Die Grundüberlegung dabei ist: Schlagen Sie nicht auf den Ball, sondern durch ihn hindurch. Bei dem hier angesprochenen Trick müssen Sie sich einen zusätzlichen Ball vorstellen, der ein paar Zentimeter vor dem zu schlagenden Ball liegt. Es gilt nun, beim Schlag diesen imaginären Ball zu treffen. Sich dies vorzustellen, mag am Anfang schwerfallen. Dafür gibt es eine weitere Hilfskonstruktion. Üben Sie die Schläge mit zwei Tees, die im Abstand von ein paar Zentimetern aufgestellt werden – das erste für den Ball, das zweite für den imaginären Ball. Diese Übungen sollten Sie mehrmals wiederholen.

Fazit

Je mehr der Durchschwung gewahrt ist und je weniger auf den Ball gedroschen wird, um so gefühlvoller und besser der Schlag.

Tip 15 Immer an das 7er Eisen denken

Das Problem

Wenn Beginner ein Holz in Händen halten, bekommen sie oft Probleme. Sie glauben, nun wäre alles anders; was sie mit dem Eisen gelernt haben, gelte nicht mehr; mit dem Holz müßten sie grundsätzlich anders schlagen, viel härter, viel schwungvoller. Vielleicht resultiert dieses Gefühl aus der Tatsache, daß das Erlernen des Golfspiels und der Schwünge mit den verschiedenen Eisen beginnt und erst später auch das Holz einbezogen wird. Dies ist ohne Zweifel eine weit verbreitete und auch vernünftige Lehrmethode. Doch wenn es dann zum Schlagen mit dem Holz kommt, ergeben sich eben die mentalen Sperren – nicht zuletzt auch wegen der Länge dieser Schläger.

Lösung

Es gibt eine sehr simple Methode, das Holz besser zu beherrschen und vor allem die mentalen Sperren zu beseitigen: Wenn Sie ein Holz in Händen haben, stellen Sie sich vor, mit einem 7er Eisen zu spielen. Viele Golfer, aber besonders viele Anfänger haben mit dem 7er Eisen wenig Probleme. Wenn Sie dieses Gefühl des Beherrschens auf das Holz übertragen, wird auch Ihnen der Schwung mit diesem Schläger leichterfallen.

Fazit

Es macht wenig Sinn, sich mit Gewalt auf ein Holz umzustellen. Mit mentalen Tricks läßt sich manches Umstellungsproblem leichter lösen.

Tip 16 Denken Sie beim Abschlag an den Galgen

Das Problem

Besonders für Anfänger und weniger Geübte ist es am Anfang schwierig, den Kopf oben zu halten. Dadurch kommen schlechte Schwünge zustande. Die Drehbewegung wird zusätzlich eingeschränkt, da der Oberkörper angespannt ist. Auch optisch macht ein Golfer mit dieser Schlagtechnik nicht gerade eine optimale Figur auf der Driving Range oder auf dem Platz.

Lösung

Um diesen Haltungsfehler zu korrigieren, helfen oft nur Mittel, die aus dem Gruselkabinett der Golfschule geholt werden. So kann sich zum Beispiel ein Spieler mit diesem Haltungs-Handicap vorstellen, sein Kopf hinge in einer Schlinge, die von einem Galgen herunterbaumelt. Wenn er seinen Kopf absenkt und ihn auch sonst zu stark bewegt, dann zieht sich die Schlinge zu, und er baumelt am Golfgalgen. Sicher eine makabre Art, sich diesen Haltungsfehler abzugewöhnen. Aber sie hilft.

Fazit

Wer das Kinn und damit den Kopf nicht hochhält, der wird sich immer schwertun beim Schlagen des Balls. Das Schlimmste aber ist: Da sich die Schultern nicht frei bewegen können, ist ein volles Durchschwingen nicht möglich.

Tip 17 Nicht den Boden attackieren

Das Problem

Anfänger finden sich mit ihrem Schläger gelegentlich nicht am Ball, sondern im Boden. Der Ball bekommt vielleicht noch einen kleinen Schlag ab und rollt lustlos vor sich hin, der Boden würde dagegen aufschreien, könnte er es nur. Deutlich wird das Mißgeschick am Schläger, der darunter zwar wegen seines widerstandsfähigen Materials nicht leidet, aber Spuren von Bodenresten deutlich zeigt.

Lösung

Um solche unpräzisen und vor allem deutlich als laienhaft erkennbaren Schläge zu vermeiden, gibt es verschiedene Möglichkeiten. So kann einmal das zu weite Zurücklegen des Balls beim Ansprechen der

Grund sein. Eine andere Möglichkeit: Das Gewicht wird zu stark auf den linken Fuß verlagert, oder der Schwung kommt von zu weit oben.

Fazit

Ein guter, ausgeglichener Schwung schont den Boden und verbessert den Schlag.

Tip 18 Vermeiden Sie das Toppen von Bällen

Das Problem

Besonders Anfänger neigen dazu, Bälle zu toppen. Aber auch fortgeschrittenere Golfer sind gegen diesen Fehler meist nicht immun. Immer wieder ärgern auch sie sich über die getoppten Bälle.

Lösung

Es gibt mehrere Ursachen für das Toppen von Bällen, die beachtet und schließlich vermieden werden müssen. Das beginnt damit, daß der Spieler zu weit vom Ball entfernt steht. Ein anderer Grund mag sein,

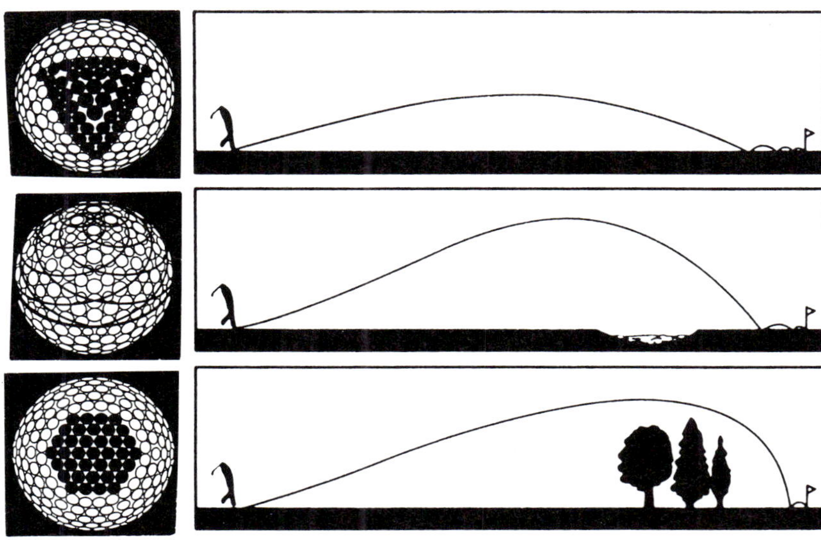

Die Flugbahn des Golfballs wird auch durch die manchmal kaum erkennbare Anordnung der Dimples bestimmt, jener Dellen am Ball, die die Aerodynamik beeinflussen. Ein hexagonales Muster bewirkt eine flache oder reguläre Flugbahn (Bild oben) mit einem langen Ausrollen des Balls. Das Octahelix-Dimple-Muster (Bild Mitte) sorgt für eine extrem hohe Flugbahn. Das einfach anmutende Tri-Dimple-Design (Bild unten) ermöglicht jene Flugbahn, von der viele Golfer träumen. Der Ball steigt hoch, fällt dann steil nach unten und rollt nur kurz aus. (Grafik: Spalding)

daß bei einem aufgeteeten Ball eben der Ball nicht hoch genug auf dem Tee liegt. Wer mit dem falschen Eisen spielt, läuft ebenfalls Gefahr zu toppen. Auch der zu feste Griff des Schlägers kann die Ursache sein.

Fazit

Nach jedem getoppten Ball sollte die Ursache gesucht werden, um für den nächsten Schlag diesen Fehler zu vermeiden.

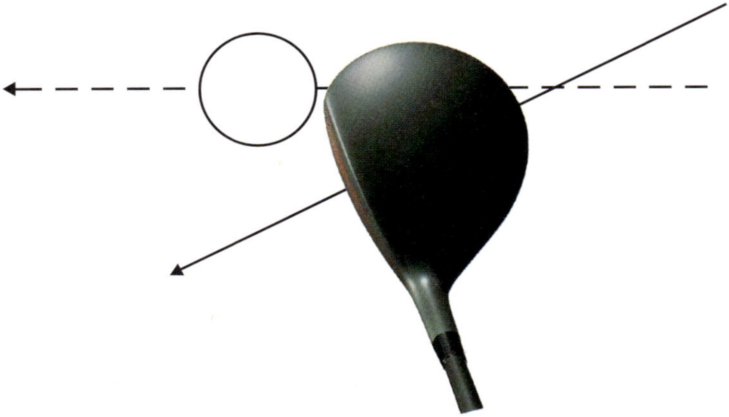

Die typische Situation, wenn der Ball getoppt wird. (Foto: Mizuno)

Tip 19 Orientieren Sie sich beim Schlagen an einem Zifferblatt

Das Problem

Beim Golfen kommt es nicht nur auf die richtige Haltung an, sondern auch auf die korrekte Schwungbewegung. Und hier werden oft Fehler gemacht. So glauben verschiedene Golfspieler, sie müßten den Schlag so ausführen, daß die Bewegung des Schlägers ständig parallel und in Richtung Ziel verläuft. Eine gelungene Schwungbewegung orientiert sich allerdings an anderen Parametern. Um diese einzuüben, hilft der Gedanke an das Zifferblatt einer Uhr.

Lösung

Stellen Sie sich vor, der Ball liegt auf einem Zifferblatt genau dort, wo normalerweise die Zeiger angebracht sind. Sie haben die richtige Stellung eingenommen. Ihre Fußspitzen zeigen auf ein paar Minuten vor und ein paar Minuten nach sechs Uhr, da Sie ja die Beine nicht eng zusammenstellen dürfen. Sie wollen den Ball auf die Ziffer 9 schlagen. Das ist Ihr Ziel. Stellen Sie sich nun vor, Sie bewegen den Schläger beim Aufschwung in Richtung der Ziffer 3, ziehen ihn aber durch die Drehung zwischen den Ziffern 3 und 4 durch. Beim Abschwung treffen Sie den Ball genau in der Mitte der Ziffern 3 und 9, also dort, wo die Zeiger angebracht wären. Ihr gedachter Schwung verläuft aber dann in eine Richtung, die zwischen den Ziffern 9 und 10 liegt.

Fazit

Es kommt beim Golfen auf viele Kleinigkeiten an. Das Schlagen über ein imaginäres Zifferblatt verhindert so manchen Schlag in die falsche Richtung.

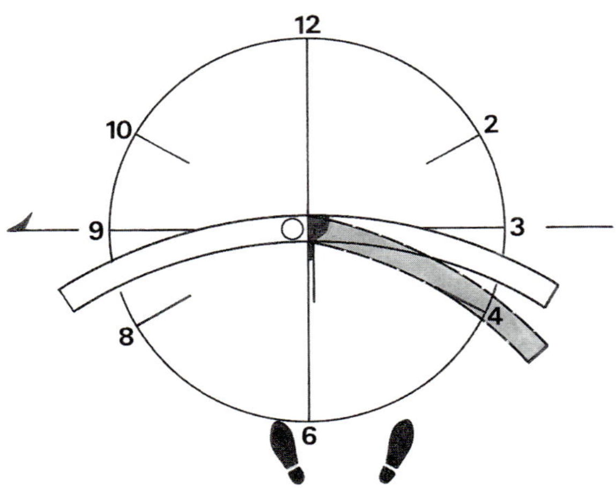

Tip 20 **Das Knie hinter den Ball**

Das Problem

Selbstverständlich ist jeder Golfer voller guter Vorsätze. Alle möglichen Fehler möchte er noch in letzter Minute korrigieren. Doch leider siegt zum Schluß die Vergeßlichkeit. Außerdem kommt das Problem hinzu, daß der Golfer während des Schlags kaum sehen kann, was sich im einzelnen vollzieht. Das führt letztlich oft zu einem Schlag, der in keiner Weise Zufriedenheit nach sich zieht.

Lösung

Eine exakte Haltung löst manches Problem. Dabei spielt die Stellung des linken Knies eine entscheidende Rolle. Deshalb sollte man sicherstellen, daß das Knie beim Rückschwung mehr in eine Lage hinter dem Ball als vor ihm kommt. Wer sich dies einprägt, kann sowohl eine optimale Drehung als auch die korrekte Gewichtsverlagerung auf die rechte Körperseite absichern. Allerdings muß auch darauf geachtet werden, daß sich die Ferse nicht zu stark vom Boden abhebt.

Fazit

Mit der richtigen Position des linken Knies zum Ball läßt sich ein korrekter Schlag besser absichern als mit vielen anderen Eingriffen in den Ablauf des Schwungs.

Diese Hilfskonstruktion erleichtert es, die richtige Körperhaltung für das Schlagen des Balls zu finden.

Tip 21 Bringen Sie Ruhe in Ihr Spiel

Das Problem

Beobachten Sie einmal Golfer beim Abschlagen auf der Driving Range. Sie werden schnell zwei Kategorien von Spielern feststellen. Die einen schlagen ruhig und fast in gleichmäßigen Abständen ihre Bälle. Die anderen unterscheiden sich von diesen durch ihre Hektik. Sie vertauschen den Golfplatz oder die Driving Range mit dem Büro und übertragen die dort herrschende Hektik auf ihre Spielweise. Meist versuchen sie auch, mit viel Kraft und Willen, also mit Brachialgewalt, Erfolge bei den Weiten und bei der Zielgenauigkeit zu erreichen. Es funktioniert nicht. Der Golfball scheint eine Abneigung gegen Hektiker und ihre Spielweise zu haben.

Lösung

Es gilt, durch gezielte Übungen die Hektik aus dem Spiel zu nehmen. Folgender Profi-Tip wird unter Golfern gehandelt: Am besten ist die Hektik beim Abschlag zu erkennen, zu beurteilen und zu bekämpfen. Dazu werden zwanzig oder mehr Abschläge hintereinander ausgeführt. Jeder Abschlag muß dabei beurteilt werden – auf einer Hektik-Skala. Die 1 kann zum Beispiel für sehr wenig und die 10 für sehr viel Hektik stehen. Sie werden durch dieses Procedere schnell feststellen, wo Sie stehen und wie hektisch Sie zum Teil den Ball schlagen. Noch mehr: Mit der Zeit versuchen Sie fast schon automatisch, die Hektik aus Ihrem Spiel zu nehmen.

Fazit

Je weniger hektisch Sie den Ball schlagen, um so leichter wird Ihr Spiel. Fast spielerisch erreichen Sie so Weiten, die für Sie bisher als Glücksfall galten. Ihr Spiel wird treffsicherer. Mit dem Erfolg erhöht sich der Spaß.

Tip 22 Alles auf die Reihe bekommen

Das Problem

Für einen Anfänger ist es schon verwirrend, all die vielen Voraussetzungen und Phasen, die für einen guten Schwung wichtig sind, zu beherrschen und aufeinander abzustimmen. Bei diesem Prozeß kann es durchaus zu Ungereimtheiten kommen, die wiederum zu einem schlechten Schlag führen. Der Golfer muß sich ständig überprüfen und so, wie der Pilot einen Check vor dem Start durchführt, einen ähnlichen Check dem Schlag vorausgehen lassen.

Lösung

Überprüfen Sie folgende Checkliste vor dem Schwung:

- Richtige Fußstellung
- Lage des Balls zwischen den Beinen
- Ball ansprechen
- Griffhaltung überprüfen
- Schwung nicht hektisch ausführen
- Zielrichtung absichern
- Linker Arm gestreckt
- Rechter Arm nicht verkrampft
- Drehung der Hüfte
- Drehung der Schulter
- Synchroner Auf- und Abschwung
- Schläger ausschwingen lassen.

Fazit

Mit wildem und unüberlegtem Draufschlagen auf den Ball kommt man beim Golfen nicht weit.

Der Rückschwung

Tip 23 Den rechten Fuß richtig belasten

Das Problem

Immer wieder macht es gerade Einsteigern in den Golfsport Schwierigkeiten, den rechten Fuß richtig zu belasten. Er muß mit optimaler Belastung eingesetzt werden, wenn der Schlag die erwartete Wirkung zeigen soll. Was dabei besonders zu beachten ist: Der rechte Fuß darf dabei nicht nach rechts wegknicken, er muß vielmehr nach innen knicken.

Lösung

Ein englischer Golflehrer empfiehlt, das Gefühl dafür mit einem simplen Trick zu trainieren: Der Spieler legt sich zwei Golfbälle unter die Außenseite des rechten Fußes. Diese

Bälle wirken beim Ausführen des Schwungs und des Schlags wie ein Keil. Und der wiederum bewirkt, daß das Gewicht nicht auf die Außenseite des rechten Fußes verlagert wird. Gleichzeitig verhindert der aus den zwei Bällen bestehende Keil unter dem Schuh eine zu starke Rotationsbewegung der Hüften beim Rückschwung. Der Spieler sollte bei dieser Trainingsvariante darauf achten, die größtmögliche Schulterdrehung zu erreichen.

Fazit

Wer das Belastungsproblem mit dem rechten Fuß nicht in den Griff bekommt, wird immer wieder Probleme mit seinem Schlag haben.

Tip 24 Mit dem Knie, lieber Golfer

Das Problem

Beim Schwung wird mit dem Knie gearbeitet. Das vergessen vor allem Anfänger. Dadurch gelingt es ihnen nicht, das Gewicht beim Aufschwung nach rechts und beim Abschwung nach links zu verlagern. Diese Körperdrehung ist aber von fundamentaler Bedeutung für einen optimalen Schlag. Oft wird die wichtige Drehung der Hüfte vernachlässigt.

Lösung

Stellen Sie sich vor, an Ihrem linken Knie wäre ein elastisches Band befestigt. Es zieht das Knie automatisch nach rechts, wenn Sie den Aufschwung einleiten. Gleichzeitig wird die linke Hüfte nach hinten gezogen. Dadurch ergibt sich automatisch eine Verlagerung des Gewichts nach rechts. Wichtig ist immer, diese beiden Bewegungen – abgestimmt aufeinander – zu beachten und sich auch beim Schwung den Ablauf vorzustellen.

Fazit

Achten Sie auf die Körperdrehung und die Verlagerung des Gewichts.

Tip 25 Nicht den Kopf absenken

Das Problem

Die Einsteiger in den Golfsport sind meist an einem besonderen Haltungsmerkmal zu erkennen. Ihr Kopf ist deutlich nach unten gesenkt. Fast verbissen versuchen sie, einen Ball nach dem anderen von der Driving Range zu dreschen. Sie hängen der falschen Lehrmeinung nach, mit Gewalt wird es schon gehen. Dabei übersehen sie manches wichtige Haltungsmerkmal, das entscheidend für das Gelingen eines optimalen Schlags ist.

Lösung

Also: Der Kopf darf nicht abgesenkt sein. Insbesondere wird oft das Kinn zu weit nach unten gehalten. Dadurch ergeben sich Probleme beim Rückschwung. Durch das nach unten gehaltene Kinn ist es dem Golfer nicht möglich, die linke Schulter beim Aufschwung problemlos unter dem Kinn hindurchzuschwingen. Beim Abschwung ergeben sich dann ähnliche Behinderungen mit der rechten Schulter. Eine optimale Schwungbewegung ist so nicht gegeben. Insbesondere ist eines nicht möglich: der so wichtige fließende Schwung für den optimalen Schlag.

Fazit

Denken Sie vor jedem Schwung – insbesondere vor dem Abschlag – daran, Ihr Kinn hochzuhalten.

Der Abschwung

Tip 26 Beim Abschwung die Hose strammziehen lassen

Das Problem

Der Ball soll zwar geschlagen werden, letztlich muß dabei aber ein »Schwingen durch den Ball« erfolgen. Hier ergeben sich für viele Golfer große Schwierigkeiten. Sie wissen zwar, daß beim Abschwung dieser Durchschwung eingeleitet wird und dann auch auszuführen ist. Doch wenn es darauf ankommt, wird in dieser entscheidenden Schwungphase oft versagt.

Lösung

Zuviel Denken bei den einzelnen Schwungphasen bringt keine Lösung. Es gibt mehrere Ratschläge, beim Abschwung die richtige Körperhaltung zu finden. Einer der besten ist wahrscheinlich folgender: Stellen Sie sich vor, hinter Ihnen steht ein Helfer. Dessen Aufgabe ist es, Sie beim Abschwung an der linken Hosentasche festzuhalten und nach hinten zu ziehen. Damit haben Sie die Sicherheit, Ihre Hüfte entsprechend einer optimalen Schwungphase auszurichten. Damit ist auch eine Überbetonung der rechten Schulterpartie ausgeschlossen.

Fazit

Der Abschwung ohne exakte Hüftbewegung bringt keine guten Schläge.

Tip 27 Den Schwung dosieren

Das Problem

Auf den Driving Ranges, aber auch auf den Plätzen sind immer wieder Golfer zu beobachten, die fast hektisch ihre Schläge ausführen. Vor allem Anfänger neigen zu dieser Art von Schlagbewegung. Sie lassen sich wohl von der Annahme leiten, je schneller und heftiger der Schläger geschwungen wird, um so weiter würde der Ball geschlagen. Dies ist eine falsche Annahme. Dazu kommt noch die Gefahr, daß der Ball in eine andere Richtung als gewünscht fliegt.

Lösung

Versuchen Sie möglichst ruhig und fließend Ihre Schwünge auszuführen. Je ruhiger der Schwung ausgeführt wird, um so größer ist die Wahrscheinlichkeit, den Ball optimal zu schlagen. Manche Golflehrer demonstrieren die Geschwindigkeit an einem Golfball, der in die Luft geworfen wird. Er fällt vom höchsten Punkt seiner Flugbahn schneller wieder herunter, als er sich nach oben bewegt. An diesem Rhythmus – auch was die Geschwindigkeit betrifft – sollte sich die Schlagbewegung orientieren.

Fazit

Nehmen Sie die Hektik aus Ihrer Schwungbewegung.

Der Japaner Jumbo Ozaki zeigt, wie der Ball nach oben gebracht wird.
(Foto: Bridgestone)

Tip 28 Den linken Arm nicht in ein Korsett zwängen

Das Problem

Viele Anfänger neigen dazu, den linken Arm zu einer Linie mit dem Schläger zu verschmelzen. Diese Feststellung trifft auf Rechtshänder zu. Linkshänder müssen bei dieser Kritik aus der konträren Perspektive gesehen werden. Der Fehler führt zu verwinkelten und verdrehten Schlägen.

Lösung

Um ein Gefühl zu erlangen, welche Armhaltung die richtige ist, sollten Sie einen Schläger in die Hand nehmen. Lassen Sie jetzt den Arm nach unten hängen – mit dem Schläger in der Hand. Sie werden schnell feststellen, daß der Schläger, wenn er korrekt auf dem Boden aufliegt, einen Winkel mit dem Boden bildet. Der Schläger ist bewußt dementsprechend gebaut. Wenn Sie bei dieser Übung die Finger nicht zu fest um den Schlägergriff pressen, werden Sie noch mehr Gefühl für die optimale Haltung des Schlägers im Verhältnis zu Ihrem Arm entwickeln. Liegt also der Schläger mit dem Schlägerblatt bündig auf dem Boden auf, ergibt sich zwangsläufig ein Winkel zwischen der Länge des Arms und der Länge des Schlägers. Dadurch wird vermieden, daß Arm und Schläger eine durchgehend gerade Linie bilden, was wiederum zu verkrampften und im Ergebnis fehlerhaften Schlägen führt.

Fazit

Lassen Sie sich auf keinen Fall eine zu starre Armhaltung in Verbindung mit dem Schläger einüben. Auch eine sehr verkrampfte Haltung des Griffs bringt keine Vorteile.

Der Durchschwung

Tip 29 Mit dem Besen trainieren

Das Problem

Um einen guten Schwung auszuführen, bedarf es eines exakten Timings. Aber daran hapert es bei vielen Golfern – insbesondere bei Anfängern. Sobald das Timing nicht synchron verläuft, kommt es zu unkontrollierten Schwüngen. Der Grund: die Neigung zu hektischen Bewegungen, anstatt die Hektik aus der Schwungphase und damit aus dem zu Spiel nehmen.

Lösung

Wie läßt sich nun die Hektik aus dem Schwung nehmen? Ein simpler Trick hilft, das exakte Timing zu

trainieren. Nehmen Sie einen Besen und fassen Sie ihn mit dem typischen Golfgriff am Stil. Jetzt versuchen Sie, den Besen wie einen Golfschläger zu schwingen. Sie werden sehr schnell bemerken, daß Sie den Besen nicht so leicht schnell schwingen können. Außerdem wird durch das Schwingen mit dem Besen stärker verdeutlicht, auf was es ankommt – Schulterdrehung, Gewichtsverlagerung, Position der Arme usw.

Fazit

Der Besen eignet sich gut für Trockenübungen.

Tip 30 **Schwünge mit dem Bierkasten**

Das Problem

Es kommt immer wieder auf den gut durchgezogenen Schwung an. Dabei ist die Körperdrehung mit einzubeziehen. Nur wer die einzelnen Schwungphasen beherrscht, wird auch mit guten und zielgenauen Schlägen die erste Hürde jedes Golfers – nämlich die Prüfung zur Platzreife – nehmen. Später dann, wenn es um die Handicaps geht, kommt es ebenfalls auf optimale Schwünge mit dem Golfschläger an.

Lösung

Nehmen Sie das Problem der Schwungbewegung beim Einsatz der verschiedenen Eisen und Hölzer sehr ernst. Um die Schwungmomente besser trainieren zu können, empfiehlt sich folgende Übung: Nehmen Sie einen Kasten mit lee-

ren Bierflaschen. Versuchen Sie, mit diesem die Schwungbewegungen mit dem Schläger nachzuempfinden. Sie werden schnell feststellen, daß das nur möglich ist, wenn Sie den Kasten weit genug vom Körper weghalten. Außerdem müssen Sie die Beine entsprechend belasten und sich elastisch in den Knien bewegen.

Fazit

Je besser Sie die Schwungbewegungen einschließlich der verschiedenen Belastungen von einzelnen Körperteilen beherrschen, um so besser wird Ihr Golfspiel.

Tip 31 Versuchen Sie es mit dem Fußball

Das Problem

Bekanntlich sollen die Arme und die Schultern ein Dreieck bilden, wobei der spitze Winkel unten bei den Händen liegt, die den Griff umschließen. Viele Golfer halten zwar die Stellung – also das Dreieck – beim Ansprechen des Balls ein, durchbrechen sie aber später wieder. Das gilt insbesondere bei der Einleitung des Rückschwungs, wobei die angestrebte synchrone Bewegung durchbrochen wird.

Lösung

Um diesen Fehler zu bekämpfen, gibt es folgende Übung: Beim Einnehmen der Ansprechstellung wird ein Fußball zwischen die Oberarme geklemmt. Die beste Lage für den Ball ist knapp oberhalb der Ellbogen. Der Ball darf nicht mehr aus seiner Lage schlüpfen, wenn der Rückschwung eingeleitet wird. Das Dreieck soll also erhalten bleiben. Das gilt selbstverständlich nur während der Schlägerbewegung über die ersten 70 bis 90 Zentimeter.

Fazit

Die Drehung beim Schwung muß mit Schultern, Armen und Händen synchron erfolgen. Deshalb ist es wichtig, beim Rückschwung über eine gewisse Schlagbewegung das Dreieck aus Schultern und Armen mit dem von den Händen umfaßten Griff des Schlägers zu erhalten.

Tip 32 Auch die Arme sollten entspannt sein

Das Problem

Der Golfspieler kommt mit seinen Schlägen nicht zurecht, weil er verkrampfte Schwünge ausführt. Außerdem unter- oder überschätzt er das Gewicht und damit die Dynamik der Schläger. Im Umkehrschluß heißt das: Er verkrampft sich und hält seine Arme nicht locker genug.

Lösung

Suchen Sie nach einem Gefühl für den Schläger. Sie müssen sich sein Gewicht sozusagen »verinnerlichen«. Das geschieht am schnellsten, wenn Sie vor dem Schlag den Schläger anheben und dabei gleichsam sein Gewicht messen. Sie müssen also vor dem Schlag das Gewicht des Schlägers im Kopf speichern. Dadurch sind Sie in der Lage, auch Ihre Arme weniger verkrampft zu halten. Sie befreien sich beim Schlag von dem Überraschungselement des zum Teil doch bemerkenswerten Gewichts eines Golfschlägers. Diese Feststellung gilt insbesondere bei den niedrigen Hölzern.

Fazit

Wer sich nicht voll mit dem Gewicht des Schlägers und den daraus resultierenden Auslöseeffekten identifiziert, wird bei vielen Schlägen mit Problemen zu kämpfen haben.

Eine beliebte Übung: Das entspannte Schwingen der Arme ohne Schläger.

So wie bei Ray Floyd sollte der Durchschwung gelingen. (Foto: Bridgestone)

Tip 33 Schaukeln Sie wie die Kinder

Das Problem

Man mag darüber philosophieren, warum so viele Golfschwünge nicht die erhoffte Wirkung bringen. Viel nützt eine solche Betrachtung nicht. Wichtig ist vielmehr, die Ursachen zu bekämpfen. Oft liegt es an der Schwungbewegung, die zu den nicht erwarteten Folgen eines schlechten Schlags führt. Besonders Anfänger neigen dazu, unkontrolliert auf den Ball zu schlagen – in der irrigen Annahme, dadurch an Weite zu gewinnen.

Lösung

Denken Sie an Kinder, die sich auf einer Schaukel vergnügen. Kinder stellen schnell fest, daß gleichmäßiger Schwung die besten Ergebnisse bringt – sie in diesem Fall immer weiter nach oben schaukeln läßt. Dabei spüren die Kinder, wie sie Gewicht und Schwungkraft einsetzen müssen. Ähnlich sollten Sie verfahren. Stellen Sie sich beim Schwingen die Schaukelbewegungen der Kinder vor. Sie kommen so zu einem gleichmäßigeren Schwung des Golfschlägers und damit zu optimalen Schlägen.

Fazit

Nicht die Kraft macht es, sondern der gleichmäßige Bewegungsablauf. Mit Gewalt geht bekanntlich viel, aber eben nicht alles.

Der Gesamtschwung

Tip 34 Immer das Gewicht verlagern

Das Problem

Viele Schläge gelingen deshalb nicht, weil der Golfer sein Gewicht nicht korrekt verlagert. Bekanntlich wird beim Schwung von der rechten auf die linke Seite eine Gewichtsverlagerung vorgenommen. Diese ist wieder synchron auf die Schwungphasen abzustimmen. Dazu kommt noch die Drehung des Körpers. Also: Es gehört schon einiges an Wissen, Geschicklichkeit und Körperbeherrschung dazu, um ein guter Golfer zu werden.

Lösung

Um die Gewichtsverlagerung in ihren einzelnen Phasen korrekt aus-

Der Golfer steht in korrekter Ansprechposition. Angenommen ist ein 7er Eisen. Das Gewicht ist gleichmäßig verteilt.

Beim Rückschwung wird das Gewicht auf den rechten Fuß verlagert. Die Verlagerung ist aber nicht so stark, daß das Brett ganz auf die Seite kippt und den Boden berührt.

zuführen, sollten Sie sich vorstellen, auf einem Kippbrett zu stehen, dessen Mittelpunkt mit ihrer Standposition identisch ist. Die Zeichnungen zeigen die einzelnen Phasen des Schwungs und des Schlags.

Fazit

Der Körper schwingt beim Schlag mit. Diese Pendelbewegung bei der Verlagerung des Gewichts muß so lange einstudiert werden, bis daraus eine Einheit wird.

Hier sind deutlich die Fehler beim Rückschwung zu erkennen.

Der Ball wird beim Abschwung mit dem Schläger berührt. Achten Sie auf die Gewichtsverlagerung.

Falsche Körperhaltung beim Berühren des Balls mit dem Schläger.

Beim Durchschwung erfolgt eine stärkere Gewichtsverlagerung.

So sollte der Durchschwung nicht erfolgen.

Wichtig ist, daß beim Durchschwung das Gewicht nach links verlagert wird. Das zeigt sich deutlich durch das Entlasten des Fußes und durch das Heben des Absatzes.

Mark Calcavecchia mit einer nachahmenswerten Schwungbewegung. (Foto: Bridgestone)

Tip 35 Golfbälle sind keine Suppeneinlage

Das Problem

Besonders Anfänger verwechseln anscheinend den Abschlag mit einer großen Suppenschüssel und den Ball mit einem Knödel, der darin schwimmt. Nur so ist wohl das »Löffelprinzip« zu erklären. Da werden Bälle nicht geschlagen, sondern buchstäblich vom Tee oder vom Rasen weggelöffelt. Die Folgen sind fatal. Der Ball wird kaum sein Ziel erreichen.

Lösung

Vermeiden Sie den Löffeleffekt. Dazu ist es wichtig, den Durchschwung flüssig zu gestalten. Der Schläger muß sozusagen durch den Ball geschwungen werden. Wenn Sie sich dies vornehmen, dann haben Sie meist dem Löffeleffekt bereits erfolgreich den Kampf angesagt. Wer sich beim Üben einige Zentimeter vor dem Tee, auf dem der Ball zum Abschlag plaziert ist, ein zweites Tee – aber ohne Ball – in den Boden steckt und sich vorstellt, auch das zweite Tee noch treffen zu wollen, der sorgt für guten Durchschwung.

Fazit

Gehen Sie bei Ihrem Schlag in puncto flüssigen Durchschwungs keine Kompromisse ein.

Tip 36 Sexy wird die Hüfte bewegt

Das Problem

Junge Leute sind vielleicht mehr auf Hüftschwung bedacht als ältere. Die Diskomusik und verschiedene neue Tanzstile zwingen förmlich dazu, sich im Hüftschwung zu bewegen. Der gekonnte Hüftschwung einer Dame wird immer wieder in Filmen gezeigt und zieht sich durch die Liebesliteratur. Nur beim Golfspiel setzt anscheinend eine natürliche Hemmschwelle ein. Da will der Hüftschwung nicht mehr gelingen.

Lösung

Achten Sie bewußt auf den Hüftschwung. Dabei ist zu berücksichtigen, daß der Hüftschwung und damit der Durchschwung nicht zu früh einsetzt und die Hüfte wie ein Baumstock stehenbleibt. Also: Wenn der höchste Punkt beim Rückschwung erreicht wird, muß die Hüfte in Aktion treten. Die Hüftbewegung erfolgt zu diesem Zeitpunkt seitlich und in Richtung auf das Ziel.

Fazit

Nicht die Schulter nach außen drehen, sondern mit dem Hüftschwung für einen präzisen und vor allem geraden Schwung sorgen.

Tip 37 Den Bauchnabel als Orientierungshilfe verwenden

Das Problem

Es gibt viele Möglichkeiten, beim Golf den optimalen Schlag zu verhindern. Die Einflußfaktoren sind so vielfältig, daß der Anfänger zu ihrer Vermeidung ständig mit einem Lehrbuch unter dem Arm auf dem Golfplatz auftauchen müßte. Doch wohin mit dem Buch beim Schlag? Ein Fehler, der oft gemacht wird, ist, die Führung des Schlägers nicht zu beachten. Da wird dann wild »herumgefummelt.« Jeder Schlag ist ein Unikat. Und jeder Treffer ebenfalls. Doch damit läßt sich kein Golfspiel aufbauen, geschweige denn die Prüfung zur Platzreife bestehen.

Lösung

Beachten Sie die Führung des Golfschlägers. Insbesondere sollten Sie ein Augenmerk auf die Bahn nehmen, die die Hände bei Ihrer Schlagbewegung beschreiben. Tip: Stellen Sie sicher, daß die Hände beim Auf- und Abschwung mit dem von den Fingern umspannten Griff des Golfschlägers in einer gedachten Linie am Bauchnabel vorbeiziehen.

Fazit

Keine Unikate, sondern gleichmäßige Bewegungen bringen den Erfolg.

Tip 38 Mit dem Knieknick das Spiel verbessern

Das Problem

Golf ist ein Bewegungssport. Dennoch ist der Golfer immer wieder verleitet, unbeweglich wie ein Baumstamm seine Schläge auszuführen. Vielleicht resultiert der Fehler aus der Tatsache, daß der Bewegungsablauf beim Schlag aus so vielen einzelnen Komponenten besteht und der Spieler verunsichert ist.

Lösung

Es gibt einen sehr einfachen Trick, wie Sie für die Schwungphase den Bewegungsablauf optimieren können. Wer gute Golfer beobachtet, wird feststellen, daß sie oft, bevor sie mit dem Schlag beginnen, das rechte Knie in Richtung Ziel knicken. Dadurch sichern sie sich eine optimale Ausgangsposition für ihren Schlag. Das Knie knickt dabei etwa 5 Zentimeter nach innen. Der rechte Fuß wirkt dadurch wie eine Verstrebung, um die sich die Schwungbewegungen und der Schlag aufbauen.

Fazit

Wer diese wichtige Komponente beim Aufbau der Schwungphasen sozusagen zementiert, erleichtert den korrekten Ablauf.

Die langen Schläge

Tip 39 Die Weite allein bringt noch nicht die Platzreife

Das Problem

Immer wieder wird der Fehler begangen, sich an der Weite von Schlägen zu delektieren. Auf der Driving Range versucht der angehende Golfer, stundenlang – viele fortgeschrittene Spieler neigen übrigens auch dazu – den Ball über eine möglichst große Entfernung zu schlagen. Da kommt Freude auf. Außerdem: Mit Weiten hat sich noch keiner auf der Driving Range blamiert, und schließlich sind die Anerkennung und ein Bewunderung signalisierender Gesichtsausdruck von Zuschauern aus der Nicht-Golfer-Szene ziemlich sicher.

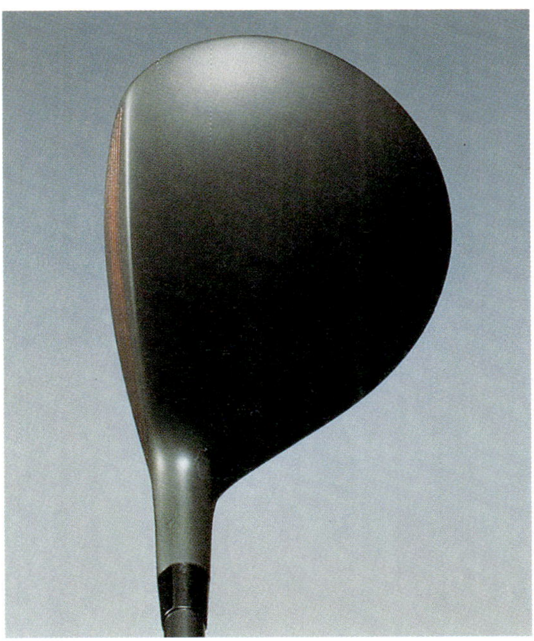

Schlägerkopf eines Drivers für lange Schläge. (Foto: Mizuno)

Lösung

Die erzielten Weiten und der dadurch ausgelöste Motivationsschub verdrängen oft jedes Zeitgefühl. Nach dem Schlagen von Bällen über große Distanzen bleibt meist keine Zeit mehr, um zu putten, aus dem Sandbunker herauszuschlagen, die Annäherung und generell das Schlagen über kurze Entfernungen zu üben. Aber: Der Golfer verläßt – motiviert durch seine Weitenjagd – voller Stolz das Übungsgelände.

Die Motivation schlägt später meist in Frust um, wenn es um die Prüfung zur Platzreife geht. Dann rächt es sich nämlich, daß das kürzere Spiel wie Annähern und Putten nicht ausreichend geübt wurde. Was der Prüfling vielleicht am Anfang durch einen weiten Schlag gewonnen hat, verliert er anschließend schnell wieder, da er durch mangelhaftes Annähern und Putten viele Schläge bis zum Einlochen des Balls benötigt.
Die Lösung kann also nur sein, auf der Driving Range nicht nur den Weiten nachzujagen, sondern sein Spiel auch auf die kurzen Schläge zu konzentrieren.

Fazit

Gute Golfer warnen immer wieder Platzreife-Aspiranten davor, das Schlagen über große Weiten zugunsten aller anderen zu übenden Situationen überzubewerten. Es gibt Golflehrer, die nicht ohne Grund meinen, gegenüber jeder Stunde, in der das Schlagen über weite Distanzen geübt wird, müßten zwei Stunden stehen, die dem Annähern, Chippen, Putten, den Bunkerschlägen und anderen wichtigen Übungen gewidmet sind.

Tip 40 Den linken Ellbogen beachten

Das Problem

Viele Anfänger wundern sich darüber, daß sie ihre Bälle nicht weit genug schlagen. Dabei übersehen sie, daß sie selbst die Schwungbewegung einschränken und insbesondere den möglichen Radius verkürzen. Vor allem beim Schlagen mit den Hölzern ist dieser Fehler immer wieder zu beobachten.

Lösung

Bedenken Sie die Faustregel: Je größer die Distanz von der linken Schulter bis zum Schlägerkopf ist, um so größer ist der Schwungbogen. Damit ergibt sich folgende Forderung: Der linke Ellbogen muß durchgestreckt sein. Der linke Ellbogen ist es auch, der beim Schwung besondere Beachtung finden muß.

Fazit

Viele Golftaktiken folgen ganz normalen physikalischen Regeln. Nur: Der Golfspieler muß sie eben befolgen.

Tip 41 Der Bauch als Geschütz

Das Problem

Alles ist bedacht, um den Schlag optimal auszuführen und doch kommt nur ein Schlägchen heraus. Was ist geschehen? Der Golfer hat zwar beim Aufschwung alle Regeln beachtet. Und dies auch noch beim Abschwung. Aber dann brach er den Schlag zu früh ab – wohl auch in der Freude über das bisherige gute Gelingen. Es ist übrigens oft zu beobachten, daß sozusagen auf der Ziellinie aus einem ursprünglich guten Schlag noch ein mittelmäßiger oder gar schlechter Schlag wird.

Lösung

Achten Sie darauf, daß Sie bis zum Schluß des Schlags voll konzentriert bleiben und nicht das Ende der Schwungbewegung abwürgen. Dazu ein kleiner Trick: Denken Sie an einen Panzer, der sein Geschütz genau in Richtung auf das Ziel dreht. So müssen Sie auch handeln. Nur ist Ihr »Geschütz« in diesem Fall der Bauch. Bringen Sie also mit dem Auslaufen der Schwungbewegung Ihren Bauch in Richtung Ziel.

Fazit

Nur der vollständige Durchschwung bringt Weite und auch Zielgenauigkeit.

Tip 42 Nicht das Gleichgewicht verlieren

Das Problem

Beim Golfen wird bekanntlich mit manch starkem Schlag der Ball nach vorn getrieben. Da kann es leicht vorkommen, daß die Balance nicht mehr gewahrt ist. Anfänger neigen sogar dazu, bei schwächeren Schlägen aus der Balance zu kommen. Die Folge: Ein optimaler Schlag ist nicht mehr möglich, der Ball wird verzogen. Außerdem ist der Golfspieler oft weit davon entfernt, sein Ziel – auch was die gewünschte Länge betrifft – mit dem Ball zu erreichen.

Lösung

Nun wäre es leicht zu sagen, achten Sie einfach auf die Balance. Doch mit einem kleinen Trick läßt sich dieser Ratschlag unterstützen: Nach dem Durchschwung müssen Arme und Hände seitlich links am Körper geführt werden. Der Schläger wird dabei senkrecht nach oben gehalten. Mit dieser Übung zeigt sich sehr schnell, wie es mit der Balance steht. Außerdem fördert sie das Gefühl für das Halten der Balance.

Fazit

Diese Übung hilft ohne Zweifel. Sie scheint auch von manchen besseren Spielern angewendet zu werden. Auch die haben gelegentlich das Problem der Balance. Auf Golfplätzen und bei Meisterschaften kann Anschauungsunterricht genommen werden.

Tip 43 Den Ball als Lehrer akzeptieren

Das Problem

Viele Golfer bringen zwar einen oder mehrere Schläge korrekt hin, »verhauen« aber dann die nächsten. Nun wird darüber gerätselt, an was es wohl gelegen haben mag. In vielen Fällen versucht der Spieler mit weiteren Schlägen wieder Fuß zu fassen – also gute Schläge hinzukriegen. Doch meist gelingt das nicht oder nur für kurze Zeit. Dann stellt sich die alte Misere wieder ein.

Lösung

Zuerst einmal: Es liegt im allgemeinen nicht an der Ausrüstung, wenn ein Ball vom geplanten Ziel abkommt oder der Schlag generell als schlecht einzustufen ist. Eine gute Orientierungshilfe bietet das Verhalten des Balls. Wer dieses nach einem verkorksten Schlag analysiert, wird schnell die gemachten Fehler erkennen. Ein Ball reagiert nämlich präzise auf den Schlag, mit dem er getroffen wird. Die Reaktion des Balls zeigt deutlich, was zu der Abweichung von der geplanten Flugbahn führt – wenn er links oder rechts vom anvisierten Ziel landet, zu hoch oder zu tief geschlagen wird, keine Weite bekommt oder gar nur in Ringeln über den Platz zischt. Die Bewegungen des Balls sind also nur als Auswirkung des Schlags zu sehen.

Fazit

Sie finden kaum einen kritischeren Lehrer als den Ball.

Tip 44 Die Bewegungen des linken Knies verringern

Das Problem

Die Golfzeitschrift »Golf-Sport« brachte es an den Tag: 14,3 Prozent der amerikanischen Tour-Profis heben beim Schwingen des Golfschlägers ihre linke Ferse. Aber: 60,7 Prozent der amerikanischen Tour-Pros lassen die linke Ferse unten. Der verbleibende Rest ist wohl unentschieden. Obwohl man über diese Frage Bücher in Sachen Golfsport und Glaubensfragen schreiben könnte, vermitteln die Zahlen doch eine Basis für Entscheidungen. Anfänger und mittelgute Spieler plagen sich oft noch mit anderen Problemen herum. Zum Beispiel: Das linke Knie wird zu stark bewegt.

Lösung

Auf jeder Driving Range findet sich ein Ballkorb. Der Ballkorb – auch ein kleiner Putzeimer oder ein großer Blumentopf ist geeignet – wird zwischen die Beine gestellt. Mit dieser Hilfskonstruktion sind nun die Schwünge auszuführen. Wichtig: Achten Sie beim Rückschwung, daß das linke Knie nicht zu stark gegen den Eimer drückt.

Fazit

Es sind oft die kleinen Haltungsfehler, die den Profi vom Anfänger unterscheiden. Wer sein linkes Knie beim Rückschwung nicht zu stark durchdrückt, holt sich Vorteile für das Gelingen eines optimalen Schlags. Dadurch wird auch die Ferse weniger leicht nach oben gezogen.

Tip 45 Mit der Hüftdrehung arbeiten

Das Problem

Der Golfer würde seine Bälle gern weiter schlagen, doch es will nicht gelingen. Im Gegensatz zu Golffreunden überwindet er mit seinen Schlägen immer ein paar Meter weniger an Distanz. Das frustriert. Kostet es doch in der Endabrechnung – vorausgesetzt, die Putts und kurzen Schläge gelingen allen gleich – ein paar Schläge mehr. Guter Rat hilft meist nicht viel. Es bleibt bei den verlorenen Längen.

Lösung

Achten Sie auf die Hüftdrehung, und das bereits bei Beginn des Schwungs. Sie muß beim Aufschwung weg vom Ball erfolgen. Durch die Hüftbewegung nach rechts wird automatisch auch der linke Fuß entlastet. Meist erfolgt durch die Gewichtsverlagerung auch ein leichtes Anheben der linken Ferse. Wichtig ist eben, daß die Hüftdrehung möglichst optimal ausgeführt wird.

Fazit

Wer schon bei den Längen verliert, hat immer Nachteile.

Tip 46 Auf Position spielen – nicht auf Distanz

Das Problem

Immer wieder ist zu beobachten, wie Golfer beim Abschlag versuchen, eine möglichst große Weite zu erreichen. Das mag auf den ersten Blick vernünftig sein. Doch wie oft wird aus der Weite nur ein kläglicher Abroller. Die Folge ist eine Position, aus der heraus nur schwer ein weiter, guter Schlag möglich ist oder ein Aus-Schlag folgt. Ist es Überforderung, Überheblichkeit oder nur mangelndes Glück? Die Antwort darauf hat viele Facetten.

Lösung

Erfahrene Golfer raten dazu, nicht auf Distanz, sondern auf Position zu spielen. Will heißen: Suchen Sie sich Zielpunkte aus, die Sie mit dem Ball treffen möchten. Dabei kann es durchaus vorkommen, daß der Schlag nicht zu weit angesetzt wird, dafür aber präzise auf den Punkt. Wer das ein paarmal wiederholt – also immer einen Zielpunkt mit seinem Schlag anvisiert –, wird wahrscheinlich schneller und sicherer sein Ziel erreichen als der unkontrollierte Weitenjäger.

Fazit

Insbesondere wenn es um die Platzreife und Turniere geht, sollte die Position – also die Lage des Balls – Vorrang gegenüber den oft unpräzisen weiten Schlägen haben. Also nicht auf das Prinzip Hoffnung setzen, sondern auf Sicherheit.

Der Chip und Pitch

Tip 47 Kurze Schläge mit dem Korbtrick üben

Das Problem

Bei langen Schlägen muß meist nicht so intensiv auf die Zielgenauigkeit geachtet werden. Sie wird auch nicht in dem Maße erwartet wie bei den kurzen, präzisen Schlägen, die oft bereits als Annäherungsschläge dienen. Hier ist also ein gutes Ballgefühl Voraussetzung – ebenso das genaue Zielen auf einen bestimmten Punkt. Das Gefühl für Distanzen und die Technik für genau plazierte Schläge sind gefragt.

Lösung

Selbstverständlich können Sie lange und ausreichend die kurzen Schläge auf der Driving Range üben. Vielleicht kommen Sie schneller zum Ziel, wenn Sie sich genaue Vorgaben geben. Eine könnte ein simpler Korb sein. Den stellen Sie dorthin, wo Sie den Ball bei einem kurzen Schlag plaziert haben möchten. Nun spielen Sie in den Korb. Das macht Spaß und bringt schneller gute Trainingsergebnisse. Wenn Sie den Korb später in verschiedenen Distanzen aufstellen, können Sie Ihr kurzes Spiel noch weiter verbessern.

Fazit

Auf keinen Fall das kurze Spiel vernachlässigen!

Tip 48 Beim Chippen nicht über den Abschlag wischen

Das Problem

Viele Golfer neigen dazu, beim Chippen und auch beim Pitchen den Ball zu fett zu schlagen. Die Folge: Er erreicht nicht die gewünschte Flugbahn nach oben, sondern fliegt flach und weit über das angepeilte Ziel hinaus. Dazu rollt er noch längere Zeit aus, was ihn noch weiter vom Ziel entfernt. Mehrere zusätzliche Schläge sind notwendig, ihn wieder zum oder gar ins Loch zu bringen.

Lösung

Um sich bessere Chip- und Pitch-Schläge anzutrainieren, stecken Sie etwa 15 bis 20 Zentimeter hinter dem Ball ein Tee in den Boden. Das Tee sollte noch deutlich aus dem Boden herausragen. Mit diesem Trick werden Sie beim Rück-, aber auch beim Durchschwung eine steilere Schwungbewegung ausführen und den Schlägerkopf schärfer als sonst nach unten führen. Sie vermeiden den Beseneffekt. Dadurch gelingen Chip- und Pitch-Schläge besser. Zu fette Schläge können so verhindert werden.

Fazit

Üben Sie Chip- und Pitch-Schläge. Die späteren Erfolge beim Spiel sind die Belohnung.

Tip 49 Chippen mit System

Das Problem

Chippen ist bekanntlich eine Schlagvariante, bei der der Ball zuerst eine Flugbahn erreichen und nach der Landung gezielt zum Loch rollen soll. Es wird empfohlen, diese Variante bei Bällen einzusetzen, die nicht mehr als drei bis vier Meter vom Grün entfernt liegen. Die Bälle werden also auf das Grün geschlagen, um dann zum Loch zu rollen. Das hört sich zwar alles gut an, aber unter Wettkampfbedingungen gelingen die Schläge oft nicht. Der Ball denkt gar nicht daran, zum Loch zu rollen. Er wird leider oft so stark getroffen, daß er weit über das Loch hinaus rollt oder gar hinter dem Green zum Liegen kommt.

Lösung

Es bedarf vieler Übung, das exakte Chippen zu erlernen. Wer nämlich das Chippen nicht einigermaßen sicher beherrscht, sollte es auf dem Platz und insbesondere bei der Prüfung zur Platzreife erst gar nicht einsetzen. Wichtig ist beim Üben, ein Gefühl für die Entfernung und die Schlagintensität zu bekommen. Dazu hilft eine einfache Übung. Legen Sie auf das Green mit Münzen einen Kreis und stellen Sie sich einige Meter vom Green entfernt auf. Versuchen Sie, Ihren Ball in den Kreis aus Münzen zu schlagen, und beobachten Sie, wie er zum Loch rollt. So können Sie Ihre Treffsicherheit üben, aber auch die einzusetzende Schlagkraft, um den Ball in das Loch rollen zu lassen.

Fazit

Unbedingt das Gefühl für ein gutes Chippen üben! Mit einem guten Chip lassen sich wertvolle Punkte gewinnen.

Tip 50 Vermeiden Sie beim Chippen das unkontrollierte Schwingen

Das Problem

Viele Golfer haben Probleme beim Chippen. Die Hände werden im Gelenk zu stark bewegt, was zu unkontrollierten Schlägen führt. Der Ball verfehlt sein Ziel. Die Hände und Handgelenke sollten weitgehend ruhig bleiben, ohne dabei eine starre Haltung einzunehmen. Das kann auch Anfängern gelingen. Eine Übung hilft dabei.

Lösung

Der Tip kommt von einem englischen Golflehrer und hat schon manchem geholfen, sein Spiel zu verbessern. Verwenden Sie ein 9er Eisen, und führen Sie einige Chip-Schläge aus. Verlängern Sie anschließend den Griff Ihres Eisens, indem Sie ein zweites Eisen am Griff des ersten umfassen. Das zweite Eisen wird so gehalten, daß das Schlägerblatt nach unten zeigt und der Griff nach oben. Das Schlägerblatt des zweiten Eisens ist also kurz unter dem Griff des ersten Eisens zu sehen. Der Griff des zweiten Eisens liegt unter Ihrem linken Arm. Dadurch erhalten Sie einen fast doppelt so langen Schläger, mit dem Sie jetzt das Chippen üben. Dabei sollten Sie zunächst ohne Ball schlagen und anschließend mit dem Ball.

Fazit

Je exakter der Griff beim Chippen, um so genauer der Schlag. Das Chippen gilt als wichtiger Schlag, um dem Ball eine gute Ausgangslage auf dem Green für den nächsten Schlag zu verschaffen.

Tip 51 Beim Pitchen mit dem Fahnen-Trick arbeiten

Das Problem

Pitchen ist bekanntlich die Kunst, den Ball mit einem Schlag so auf das Green aufzusetzen, daß er leicht ins Loch geputtet werden kann. Das mag bei einem kurzen Pitch noch funktionieren. Bei einem langen Pitch wird der Ball oft nicht weit genug gespielt. Aber auch beim kurzen Pitch gibt es immer wieder Probleme. Der Ball wird über das Loch hinaus geschlagen und kommt gelegentlich sogar außerhalb des Greens zum Liegen. Dabei sollte ihn ja gerade der Pitch-Schlag möglichst nahe an das Loch bringen.

Lösung

Bevor Sie mit dem Pitchen beginnen, stellen Sie sich eine Fahne an der Stelle des Greens vor, wo der Ball nach dem Pitch-Schlag aufsetzen soll. Die Aufsetzstelle muß so gewählt sein, daß der Ball im Zweifelsfall Richtung Loch rollt.

Fazit

Mit einem mißglückten Pitch-Schlag können Sie viel von dem Guthaben wieder verspielen, das Sie sich durch einen guten Abschlag oder durch andere brillante Schläge vor dem Green angehäuft haben. Ein schlechter Pitch-Schlag kann Sie zu zusätzlichen Schlägen zwingen und damit zur Verschlechterung des Ergebnisses beitragen. Deshalb ist die Vorbereitung so wichtig.

Tip 52 Auf der Achterbahn Platz nehmen

Das Problem

Die Rede ist hier vom Pitchen. Mit diesem Annäherungsschlag soll der Ball möglichst hoch geschlagen werden und nach seinem Auftreffen auf dem Boden ziemlich schnell zum Liegen kommen. Das gelingt oft nicht. Ebenso gibt es schon im Vorfeld Schwierigkeiten. Der Ball fliegt nicht hoch genug. Er wird also falsch geschlagen.

Lösung

Denken Sie bei Ihrem Schlag immer an eine Achterbahn. Die Schlagbewegung muß ähnlich verlaufen, sie darf keine flache Schwungbahn beschreiben. Sie führen also den Schläger in einer relativ steilen Schwungbahn durch den Ball. Es wäre falsch, die Achterbahnkurve nach dem Treffen des Balls abflachen zu lassen.

Fazit

Nur eine steile Schwungbahn garantiert den hohen Flug.

Tip 53 Chippen mit Hindernis

Das Problem

Die Schwierigkeiten beim Chippen sind hinlänglich bekannt. Der Ball will nicht die erforderliche Höhe erreichen. Er flitzt flach über den Boden oder bekommt einen Rechts- oder Linksdrall, was den Golfer zur Verzweiflung bringen kann. Schließlich resultieren aus einem schlechten Chip oft mehrere unnötige Schläge.

Lösung

Üben Sie Ihre Chips mit dem Hindernis-Trick. Dazu legen Sie etwa einen Meter von Ihren Abschlag einen Ballkorb oder Ihr Golfbag. Versuchen Sie nun, über dieses Hindernis zu chippen. Schnell werden Sie feststellen, daß Sie unter dem Ball hindurchschlagen müssen, um ihn in die Höhe zu bringen. Sie bekommen so auch ein Gefühl dafür, wie stark Sie schlagen müssen, wie das Schlägerblatt den Ball treffen muß und wie Ihre Handhaltung sowie Ihre Standposition sein müssen, um ein optimales Chippen zu erreichen.

Fazit

Denken Sie immer daran: Viele Golfspiele werden mit guten Chips entschieden – auch die Prüfung zur Platzreife.

Das Putten

Tip 54 Den Putt nicht unterbewerten

Das Problem

Da hat sich der Golfsportler mit seinen Schlägen endlich bis auf das Green vorgearbeitet. Jetzt beginnt das Putten. Doch der vermeintlich sichere Putt endet nicht im Loch, sondern zwei Zentimeter daneben. Ärgerlich. Beim nächsten Mal versucht der Spieler ganz lässig, mit dem Putter den Ball in das Loch zu schieben. Und: Der Ball rollt vorbei. Ein kleiner Schönheitsfehler. Der Ball wäre ja – vorausgesetzt, er hätte normal geputtet – sowieso in das Loch gegangen. Mag sein. Aber für den Golflehrer sieht die Sache bei der Prüfung zur Platzreife anders aus. Er muß den zusätzlich notwendigen Schlag zählen. Damit ist dann vielleicht das erforderliche Limit zur Erreichung eines positiven Ergebnisses überschritten. Auch unter Wettkampfbedingungen wird der vermeintlich überflüssige Schlag gezählt.

Lösung

Keinesfalls dürfen Putts unterbewertet werden. Ein Putt zählt genausoviel wie ein Schlag über 100 oder 200 Meter. Das vergessen viele Golfer. Deshalb muß auch das Putten sehr sorgfältig geübt werden und nicht nur das Schlagen langer Bälle. Es ist notwendig, jeden Putt-Schlag mit äußerster Präzision auszuführen – auch dann, wenn der Ball nur ein paar Zentimeter vor dem Loch liegt und auf den ersten Blick leicht einzulochen ist.

Fazit

Räumen Sie dem Putten eine hohe Bedeutung für Ihr Golfspiel ein.

Tip 55 Beim Putten die Schlagrichtung beachten

Das Problem

Putts gelingen oft deshalb nicht, weil der Putter nicht optimal den Ball trifft. Der Golfer ist zwar der Meinung, er hätte die Schlagrichtung richtig gewählt, aber trotzdem läuft der Ball nicht in gerader Richtung. Daß es an der Ausrichtung des Putters und am fehlenden rechten Winkel zum Ball bzw. an der Schlagrichtung fehlt, kann sich der Golfer oft nicht vorstellen. Auch nicht, daß ihn sein Auge trügt.

Lösung

Die vielen Diskussionen mit andern Golfern über schlechte Putts lösen das Problem nicht. Auch nicht, wenn mit sich selbst und seinem Schicksal gehadert wird. Verständnis für die Zusammenhänge von einem physikalischen Gesetz und schlechten Putts kann eine einfache Übung bringen – zusätzlich die Verbesserung der Puttschläge. Dazu nehmen Sie mit Ihrem Putter vor einer Wand Aufstellung – die Beine in der üblichen Stellung. Der Putter wird nun zum Schlag ganz eng an der Wand entlang geführt. Zu beachten ist, daß beim Schlag jeweils der gleiche Abstand zur Wand gegeben ist (ein oder zwei Zentimeter). Mit Hilfe der Wand ist leicht zu erkennen, ob der Schläger im rechten Winkel zur Wand gehalten wird, um den Ball rechtwinklig zum Schlägerblatt zu treffen.

Fazit

Gute Putts bedürfen genauer Schwunglinien.

Tip 56 Beim Putten nicht köpfen

Das Problem

Es ist schon ein verrückter Sport – das Golfen. Da glaubt man, auf der ganz sicheren Seite zu sein, und plötzlich kommt ein Durchhänger, der alles wieder zunichte macht. Und dann kommen noch die guten und die schlechten Tage. Heute gelingt zum Beispiel alles, und an einem anderen Tag möchte man dem Nächstbesten seine Golfschläger schenken – vor Wut über die verpatzten Schläge. Das Putten gehört ohne Zweifel zu den angenehmen, aber auch unangenehmen Überraschungselementen des Golfens. Oft liegt die Schuld an schlechten Putts nicht am Ambiente, sondern schlichtweg am Golfer selbst.

Lösung

Besonders bei kurzen Putts wird fast über den Ball hinweggestrichen – jedenfalls aber der Ball nicht ordnungsgemäß getroffen. Dies kann mit einem simplen Trick verhindert werden. Dazu ist sicherzustellen, daß der Putter praktisch durch den Ball schlägt. Um dies zu erreichen, sollten Sie darauf achten, daß der Kopf Ihres Putters am linken Knie vorbeibewegt wird. Dadurch erhöht sich die Trefferquote.

Fazit

Gehen Sie beim Putten keine Experimente ein. Saubere Schläge sichern das Einlochen des Balls.

Was Anfänger oft beim Kauf ihrer Ausrüstung übersehen: Die Auswahl an verschiedenen Puttern ist groß. (Foto: Mizuno)

Tip 57 Putten mit offenem Stand

Das Problem

Putten wird oft zum Schlag-Häufer. Da landet der Ball endlich auf dem Green, und dann werden noch drei oder gar mehr Putts benötigt, bis der Ball endlich im Loch verschwindet. Das so saubere Punktekonto bekommt eine unangenehme Zusatzpackung, die wiederum das Gesamtergebnis total verhagelt. Wie viele Golfer sind schon an ihren Putts verzweifelt!

Lösung

Es gibt viele Tips und Tricks, um bessere Putt-Ergebnisse zu erzielen. Auf die wichtigsten wird in diesem Buch an verschiedenen Stellen eingegangen. Ein Tip, auf den es unbedingt ankommt, betrifft die Standposition. Beachten Sie, daß Sie eine möglichst offene Standposition einnehmen. Das bietet mehrere Vorteile: Der Putter läßt sich leichter und vor allem sicherer führen. Dazu kommt, daß Sie die Putt-Linie besser im Auge behalten.

Fazit

Gehen Sie beim Putten auf Sicherheit – auch mit Ihrer Standposition.

Tip 58 Beim Putten einen Zielpunkt suchen

Das Problem

Wieviel Unglück haben schon verkorkste Putts über die Golfwelt gebracht! Da freut man sich über gelungene Schläge und scheitert schließlich am Loch, weil der Ball einfach nicht in die kleine Öffnung rollen möchte, die das Golferglück so sehr bestimmt. Die Ursache: Viele Golfer unterschätzen die Bedeutung von guten Putts.

Lösung

Es gibt viele Tricks, um Putts zu verbessern und um vor allem die Sicherheit zu erhöhen, daß der Ball schließlich in das Loch rollt. Ein kleiner, aber sehr effizienter Trick ist, nicht direkt auf das Loch zu zielen, sondern sich einen Zielpunkt gleich hinter dem Loch auszumachen, der beim Putten im Visier behalten wird. Manche Golfer peilen einen Grashalm unmittelbar hinter dem Loch – in Schlagrichtung gesehen – an. Sie versuchen, den Ball auf dieses Ziel zu lenken. Dadurch rollt der Ball dann mit einer höheren Wahrscheinlichkeit ins Loch.

Fazit

Konzentrieren Sie sich auf gute Putts. Sie sind oft der Schlüssel zum Erfolg.

Tip 59 Blind Putten üben

Das Problem

Beim Putten werden immer wieder wichtige Bälle verschlagen. Es fehlt oft am Gefühl für das Putten. Zu stark spielen emotionale Beweggründe eine Rolle. Sie gipfeln oft im Wollen: Den muß ich unbedingt ins Loch bringen. Der Spieler setzt sich selbst unter Druck und überträgt diesen auf das Spiel. Die Folge sind verpatzte Putts.

Lösung

Versuchen Sie, sich ein Putt-Gefühl anzutrainieren. Putts müssen so ausgeführt werden, als wenn Sie dabei automatisch Ihr Ziel finden könnten. Deshalb raten manche Golfspieler, auf der Driving Range folgendermaßen zu trainieren: Analysieren Sie genau die Situation, die erforderliche Schlagkraft und die ideale Putt-Linie. Schließen Sie dann die Augen, und führen Sie die Putts blind aus. Sie erhöhen damit Ihr Puttgefühl.

Fazit

Mit Gewalt geht beim Putten kaum etwas. Gefühl ist gefragt. Und das gilt es zu schulen.

Tip 60 Putten Sie im Wohnzimmer

Das Problem

Mit dem Putten ist es so eine Sache. Glaubt man dem britischen Staatsmann Sir Winston Churchill, so spielt der Golfer mit einem zu großen Ball auf ein zu kleines Loch. Doch gerade das korrekte Putten ist für ein Spiel mit möglichst wenig Schlägen von großer Bedeutung. Beim Putten passieren jene Fehler, die eigentlich vermeidbar sind, die den Spieler ärgern und frustrierend wirken. Dieser Frust überträgt sich oft auf das weitere Spiel. Die Folge: Der negative Rückkopplungseffekt verursacht weitere Fehler und führt schließlich zu einem schlechten Gesamtspiel – was bei der Prüfung zur Platzreife das Verfehlen des Ziels bedeuten kann.

Lösung

Putten läßt sich auch zu Hause üben, die langen Schläge mit dem Eisen oder dem Holz wohl kaum ohne Gefahr für die Einrichtung. Für das Putten in Räumen gibt es spezielle »Übungslöcher« und dazugehörige »Übungsgreens« im Fachhandel zu kaufen. Sie sind für das Spiel zu Hause konzipiert. Doch es geht auch ohne diese Hilfsmittel. Suchen Sie sich irgendeinen Gegenstand, den Sie mit dem Ball treffen wollen, und sei es nur ein Stuhlbein.

Erfahrene Golfer raten dazu, eine Münze auf den Teppich zu legen. Dann geht es darum, den Ball mit dem Putter genau auf die Münze zu plazieren. Wem das aus verschiedenen Entfernungen gelingt, der wird später auf dem Platz sehr motiviert antreten. Bekanntlich ist das Loch viel größer als eine Münze. Das Putten unter regulären Verhältnissen auf dem Platz fällt also viel leichter.

Fazit

Wer unter erschwerten Bedingungen übt, der folgt den Trainingsmethoden vieler Sportler. So üben zum Beispiel Skirennläufer auf eisig gespritzten Hängen das Slalomfahren. Wenn sie dann später im Wettbewerb auf weichem Schnee fahren können, ist der Weg zum Ziel viel leichter.

Tip 61 Putten mit dem Wurfballsystem

Das Problem

Die langen Schläge gelingen, nur beim Putten stellen sich die Probleme ein. Mehrere Putts sind notwendig, um den Ball schließlich einzulochen. Viele Golfer verkennen die Wichtigkeit eines guten Putts und ärgern sich oft tagelang über ihr schlechtes Spiel auf dem Green.

Lösung

Selbstverständlich gibt es eine Vielzahl von Techniken, um schneller auf dem Green einzulochen. Nicht verschwiegen werden sollte allerdings die Bedeutung eines exakten Ballgefühls auf dem Green. Wenn das nicht gegeben ist, wird für den Golfer das Green zum Massengrab verschlagener Bälle. Mit einem Minitrick lassen sich das Ballgefühl und vor allem das Gefühl für gute Putt-Schläge trainieren. Dazu benötigen Sie keinen Putter. Vielmehr nehmen Sie mehrere Bälle, und versuchen Sie, diese Richtung Loch zu werfen und zu rollen. Kaum zu glauben, aber wahr: Sie verbessern dadurch auch Ihre Schwungbewegung bzw. trainieren sich ein besseres Gefühl an.

Fazit

Wer schlau ist, schöpft alle Tricks und Trainingseinheiten für bessere Putts aus. Nur so werden Sie schnell ein guter Golfer.

Tip 62 Beim Putten den »Sweet Spot« genau treffen

Das Problem

Ohne Zweifel gehört das Putten zu den schwierigsten Passagen eines Golfspiels. Wer live oder am Bildschirm die weltbesten Golfer beim Einlochen beobachtet, wird immer wieder feststellen, daß auch sie mit dem Putter manche Probleme haben. Das ist sicher beruhigend für den Normal-Golfer und insbesondere für denjenigen, der vor der Prüfung zur Platzreife steht. Doch letztlich entscheidet das Spiel auch, wie oft der Putter für das Einlochen eines Balls benutzt werden muß. Und hier besonders sollte ansetzen, wer sein Spiel verbessern will.

Lösung

Bekanntlich sind heute die meisten Putter so gearbeitet, daß der Sweet Spot (Auftreffpunkt auf dem Schlägerblatt) am Schlägerkopf mit einer Kerbe, einem Punkt oder einem Pfeil gekennzeichnet ist. Dadurch soll das Ausrichten des Schlägerblatts eines Putters erleichtert werden. Vor allem aber muß der Golfer darauf achten, den Ball mit dem Sweet Spot zu treffen. Das gelingt oft schon deshalb nicht, weil die Markierung zu klein ist, um sie beim Schlag gegen den Ball noch zu erkennen. Das Treffen des Sweet Spots läßt sich aber mit einem ein-

Deutlich zu erkennen: die Sweet-Spot-Markierung. Wird der Ball genau in der Mitte mit der mittleren Markierung getroffen, rollt er gleichmäßig. (Foto: Mizuno)

fachen Trick trainieren. Befestigen Sie links und rechts vom Sweet Spot im Abstand von etwa einem Zentimeter mit Tesafilm eine Münze. Versuchen Sie beim Üben, den Ball genau zwischen den Münzen zu treffen. Wenn Sie diese Übung oft genug ausführen, sind Sie wahrscheinlich später auf dem Platz und ohne die Hilfskonstruktion mit den Münzen besser in der Lage, den Ball richtig zu treffen.

Fazit

Versuchen Sie alle Tricks, um beim Putten optimale Ergebnisse zu erzielen. Noch so lange und gezielte Schläge am Anfang können durch das Putten wieder zunichte gemacht werden.

Tip 63 Mit dem Straßeneffekt arbeiten

Das Problem

Viele Fehler beim Putten resultieren daraus, daß der Putter zu stark hin und her geschwungen wird. Doch kommt es gerade auf die saubere Führung des Putters an, damit optimale Schläge gelingen. Es ist sicher nicht leicht, das Schlaggerät millimetergenau zu führen. Deshalb

Mit Hilfe einer »Tee-Straße« lassen sich gute Putts leichter üben.

lohnt es sich, auf diesen Aspekt des Golfspiels mehrere Trainingseinheiten zu verwenden.

Lösung

Gelegentlich sind die Hilfsmittel sehr einfach, die daraus abzuleitenden Erfolge aber enorm. Das zeigt sich zum Beispiel bei folgender Trainingsempfehlung für das Putten: Etwa im Abstand von ein bis zwei Metern vom Loch werden auf dem Grün zwei Tees square zum Loch in den Boden gesteckt. Der Abstand entspricht der Länge des Schlägerblatts eines Putters plus etwa zwei bis drei Zentimeter. Nochmals zwei Tees werden nach demselbem System im Abstand von etwa 25 Zentimetern von den ersten beiden Tees in den Boden gesteckt. Daraus entsteht ein durch die vier Tees abgegrenztes Rechteck. In dessen Mitte wird der Ball plaziert. Der Golfer versucht nun, exakt und ohne die Tees zu berühren, durch diese »Straße« den Ball zu schlagen.

Fazit

Je exakter der Putter geführt wird, um so genauer sind die Schläge.

Das Spiel im Bunker

Tip 64 Im Bunker den Sand ins Visier nehmen

Das Problem

Die Angst ist groß, bei entscheidenden Spielen, aber insbesondere bei der Prüfung zur Platzreife den Ball in einen Sandbunker zu schlagen. Da liegt er dann, und der Spieler hat seine liebe Not, ihn wieder auf den Rasen zurückzuschlagen. Es ist, als ob er plötzlich aus dem allgemeinen Rennen geworfen wird und jetzt unter erschwerten Bedingungen wieder Anschluß finden muß.

Lösung

Nun gibt es für den Schlag aus dem Sand bekanntlich ein spezielles Eisen – das Sand Wedge (das Wort »Wedge« steht übrigens im Englischen für »Keil«). Vor allem weniger erfahrene Golfer machen den Fehler, den Ball im Sandbunker zu »dünn« zu treffen oder ihn gar zu toppen. Gelegentlich sind mehrere Schläge nötig, um wieder auf dem Rasen in einer aussichtsreichen Lage zu landen. Was ist zu tun? Selbstverständlich müssen Sie die Grundregeln beachten, wie beispielsweise den Ball mit dem Sand unter ihm »herauszulöffeln«. Genauso wichtig ist es aber, sich beim Schlag aus dem Bunker nicht zu sehr auf den Ball zu konzentrieren. Vielmehr sollten Sie Ihr Augenmerk auf jenen Punkt im Sand richten, an dem das Schlägerblatt in den Sand eindringen soll. Zur Erinnerung: Wenn ein Ball aus dem Sand geschlagen wird, erfolgt der Schlag in den Sand hinter dem Ball und nicht auf den Ball. Der Ball wird also durch den Sand aus dem Bunker »herausgetragen«.

Achtung: Bitte beachten Sie die wichtige Golfregel, daß der Schläger im Bunker nicht auf den Sand aufgesetzt werden darf. Es wird oft der Fehler gemacht, den Schlägerkopf vor dem Schlag wie beim normalen Schlag hinter dem Ball aufzusetzen. Er muß vielmehr in einer Schwebeposition gehalten werden. Wenn nicht, ist dies nach den Golfregeln »strafbar«.

Fazit

Ein Schlag aus dem Bunker ist also nicht mit dem normalen Golfspiel vergleichbar. Die Konzentration auf die Einschlagstelle im Sand erhöht beträchtlich die Wahrscheinlichkeit eines gelungenen Schlags.

Tip 65 Von hinten aus dem Sandbunker schlagen

Das Problem

Der Ball liegt im Bunker. Das mag öfter vorkommen, ist aber ohne Zweifel nicht gerade die beste Ausgangslage für den nächsten Schlag. Problematisch wird es für den Golfer, wenn der Ball nahe am Rand in einem Bunker zum Liegen kommt. Daraus resultieren die schwierigsten Bunkerschläge – insbesondere deshalb, weil keine günstige Standposition gegeben ist. Dazu kommt, daß der Rand des Bunkers – also dort, wo der Sand in den Rasen übergeht – den Schläger und damit den Schlag behindern kann.

Lösung

Zuerst einmal muß eine einigermaßen sichere Standposition gesucht werden. Es gibt die Möglichkeit, mit beiden Füßen außerhalb des Bunkers zu stehen. Eine Alternative wäre, mit einem Fuß im Bunker und mit dem anderen außerhalb die Position für den Schlag einzunehmen. Welche Standposition auch immer gewählt wird, wichtig ist, einen sehr aufrechten, also von oben nach unten gezogenen Schlag auszuführen. Damit wird verhindert, mit dem Schläger den Rand des Bunkers zu treffen. Mit dieser Art von Schlag ist auch gegeben, daß das Schlägerblatt weitgehend offen bleibt. Diese Schwungbewegung sollte auch nach dem Treffen des Balls beibehalten werden.

Fazit

Achten Sie beim Schlag auf den Rand des Bunkers. Er kann leicht zum Verhängnis werden. Deshalb sollte der Schlag ziemlich stark von oben nach unten in einer mehr senkrechten Schwungbewegung ausgeführt werden.

Tip 66 Den Ball mit dem Spiegelei-Effekt aus dem Sand schlagen

Das Problem

Golfen – so könnte man sagen – ist ein »verzwickter« Sport. Damit die Spannung während des Spiels erhalten bleibt und sich auch schnell die Spreu vom Weizen trennt, sind die meisten Golfplätze mit Hindernissen gespickt. Das bedeutet für den Anfänger, daß er sich bei der Prüfung für die Platzreife auf eine Reihe von Situationen vorbereiten muß, die nicht gerade leicht zu meistern sind. Dazu gehört, daß der Ball aus einem Sandbunker herausgeschlagen werden muß – keine leichte Angelegenheit, wie schnell zu erkennen ist.

Lösung

Wichtig ist zuerst einmal: Da jeder Schlag bei der Platzreife dazu führen kann, das gesetzte Limit zu überschreiten, sollte gleich der erste Schlag den Ball aus dem Bunker bringen. Es darf also keine Strafsituation riskiert werden. Wer nämlich beim Ansprechen des Balls den Schläger auf den Sand aufsetzt, wird bestraft und kassiert auf seinem Konto einen zusätzlichen Schlag. Der Ausweichtrick, um trotzdem den Schlag vorher zu üben, ist, Probeschwünge außerhalb des Bunkers auszuführen. Dabei sollten Sie das üben, was auch beim Schlagen aus dem Sandbunker heraus wichtig ist – der Ball darf vom Schläger (dem dafür speziell vorgesehenen Sand Wedge) nicht direkt berührt werden. Deshalb müssen Sie sich schon beim Üben eine – etwa fünf Zentimeter hinter dem Ball liegende – imaginäre Linie vorstellen. Auf den entsprechenden Punkt der Linie hinter dem Ball sollten Sie zielen.

Wenn der Schlag nun im Sand ausgeführt wird, ist unbedingt darauf zu achten, daß mit dem Sand Wedge – in besonderen Situationen kann auch das Eisen 9 eingesetzt werden – nicht der Ball getroffen wird. Der Schläger muß vielmehr – das wird von vielen Golfspielern nicht beachtet – etwa fünf Zentimeter hinter dem Ball in den Sand treffen. Der Schläger gleitet so durch den Sand hindurch und bringt den Ball zu dem anvisierten Ziel. Hier trifft der Vergleich mit dem Spiegelei zu – mit einem Dotter, der vom Eiweiß umgeben wird. Durch den Schlag hebt der Spieler sowohl Eiweiß als auch Eidotter an. Er zielt aber nicht auf den Eidotter.

Fazit

Um den Ball möglichst mit einem Schlag aus dem Sandbunker zu schlagen, ist es wichtig, sich auf den Sand und speziell auf die Stelle zu konzentrieren, an der das Schlägerblatt in den Sand eindringen soll. Der Blick auf den Sand ist dem auf den Ball vorzuziehen.

Die schwierigen Situationen

Tip 67 Bei aufwärts liegendem Ball lotrecht spielen

Das Problem

Der Ball kommt auf einer Fläche zum Liegen, die als ansteigendes Gelände bezeichnet werden kann. Der Golfer hat nun die Schwierigkeit, den Ball so zu schlagen, daß die Gegebenheiten des Geländes ausgeglichen werden. Das ist gerade für den Anfänger leichter gesagt als getan. Er kann sich bei dieser Lage eines Balls mit unsachgemäßen Schlägen schnell die Prüfung zur Platzreife verderben.

Lösung

Sie müssen sich dem Gelände anpassen. Dazu ist es zuerst einmal wichtig, eine Standposition einzunehmen, die parallel zum Boden ausgerichtet ist. Ihr Körper muß im rechten Winkel zum Gelände ste-

hen. Sie dürfen außerdem keine Kopfbewegungen machen, die die dem Gelände entsprechenden Schwungphasen des Schlägers gefährden. Jetzt können Sie wie bei einem Schlag auf normalem Gelände vorgehen, da Sie ja Ihre Standposition dem Gelände angepaßt haben. Halten Sie Ihr Gewicht auf dem linken Fuß. Dadurch können Sie beim Schlag leichter und vor allem sicherer durchziehen.

Fazit

Bei einer Aufwärtslage des Balls und aufsteigendem Gelände muß sich der Golfer diesen Gegebenheiten mit seiner Standposition anpassen.

Tip 68 Bei Abwärtslage des Balls nicht in Glücksgefühle ausbrechen

Das Problem

Der Ball liegt auf abschüssigem Gelände. Er rollt nicht von selbst abwärts, weil er vom Gras gehalten wird. Den Anfänger unter den Golfern befällt ein Glücksgefühl, weil er glaubt, er könne den Ball beim nächsten Schlag ziemlich weit nach vorn treiben, da das abschüssige Gelände kein Hindernis bildet. Die Wahrheit sieht oft anders aus. Der Ball folgt eben nicht den Wünschen des Spielers.

Lösung

Die wichtigste Empfehlung ist, eine Standposition parallel zum Gelände einzunehmen; der Körper muß mit dem Gelände einen rechten Winkel bilden. Zusätzlich muß die Gefahr gebannt werden, den Kopf zu stark nach vorn zu strecken. Empfohlen wird ein Eisen mit einem etwas größeren Loft. Wichtig ist auch, den Ball vom Boden wegzubringen und nicht in den Boden zu schlagen.

Fazit

Unterdrücken Sie Ihr Glücksgefühl über die Abwärtslage. Die Situation muß als schwierig eingestuft werden.

Tip 69 Das »Wer bewegt wen« beachten

Das Problem

Der Ball ist in einem Gelände gelandet, aus dem er nur schwer wieder herauszuschlagen ist. Der Schlag gelingt meistens deshalb nicht, weil die Verhältnisse Probleme bereiten und weil der Golfer etwas in Panik verfällt, eine innere Sperre aufbaut und insbesondere – das Problem vor Augen – eine Art innerer Kündigung vor der Aufgabe vollzogen hat. Aus einem Fehlschlag resultiert dann ein zweiter oder gar mehrere. Das ganze Spiel ist gefährdet. Gute Anfangserfolge werden so oft schnell zunichte gemacht.

Lösung

Betrachten Sie die schwierige Lage des Balls nicht als Unglück, sondern als Herausforderung. Gehen Sie mit dem Willen zum Erfolg an diesen schwierigen Schlag heran. Sagen Sie sich auch immer vor, ein Glas kann als halbvoll oder als halbleer betrachtet werden. Für Sie muß es immer halbvoll sein. Auf keinen Fall dürfen Sie planlos auf den Ball einschlagen. Analysieren Sie genau die Lage, und führen Sie in Ruhe den Schlag aus. Fallen Sie nicht auf die falsche Annahme herein, Sie würden den Ball aus der mißlichen Lage bewegen. Es ist vor allem der Schläger mit einem korrekt auf den Ball aufsetzenden Schlägerblatt, der den Ball aus seiner Lage bringt.

Fazit

Versuchen Sie keine Kraftdemonstrationen: Vielmehr ist Kreativität gefragt, die auf den Einsatz des Schlägerblatts übertragen werden soll.

Die Taktik

Tip 70 Annähern und nicht volle Pulle

Das Problem

Das Green ist erreicht. Nun möglichst mit einem Schlag einputten, also den Ball in das Loch rollen lassen. Mit diesem Vorsatz möchten viele bei der Platzreife ihr Ergebnis verbessern. Meist jedoch wird daraus nichts. Der Ball rollt über das Loch hinaus und gelegentlich auch vom Green herunter. Noch ein Schlag. Und der bringt dann auch nicht den ersehnten Erfolg. Zum Schluß führen erst mehrere Versuche zum Einlochen des Balls. Die Folge: Das Punktekonto hat sich mächtig erhöht. Die Platzreife rückt in weite Ferne. Mit Druck wird versucht, das Ergebnis bei den nächsten Löchern zu verbessern, was meist mißlingt. Zum Schluß heißt es dann: Auf ein Neues. Keine erfreulichen Aussichten.

Lösung

Der Fehler, den so viele Golfer machen, läßt sich vermeiden – mit einem Tip, der auf den ersten Blick vielleicht nicht ganz einleuchtet: Den Weg der kleinen Schritte gehen, denn die Erfahrung lehrt, daß weniger gute Golfspieler es kaum schaffen, mit einem weiten Putt einzulochen, bei diesem Versuch vielmehr die Lage des Balls noch verschlechtern. Also: Nicht mit einem Schlag versuchen einzulochen, sondern das Risiko minimieren und sich mit zwei oder drei Schlägen annähern bzw. den Ball in das Loch rollen lassen.

Der Tip ist sicher manchem schwer klarzumachen. Sie können seinen Sinn aber sehr schnell nachprüfen. Stellen Sie bei Ihren Übungen für die Platzreife einmal fest, wie oft aus dem vermeintlich einen Putt über eine größere Distanz mehrere Schläge werden, weil Sie den Ball weit über das Ziel hinausgeschlagen haben und dadurch die Ausgangsposition verschlechterten.

Fazit

Es lohnt sich, beim Putten unter dem Druck der Prüfung zur Platzreife das Prinzip der kleinen Schritte zu verfolgen und auf Sicherheit zu spielen. Bei der Endabrechnung haben Sie die Platzreife wahrscheinlich eher bestanden als mancher, der glaubt, über eine längere Distanz einlochen zu können.

Tip 71 Vor dem Loch kein Risiko eingehen

Das Problem

Angenommen, der Ball liegt noch einige Meter vom Green entfernt. Das Gras ist vom Liegeplatz des Balls bis zum Green einigermaßen kurz geschnitten. Die übliche Lehrmeinung besagt, den Ball jetzt mit einem Eisen durch einen kurzen Schlag auf das Green zu bringen. Chippen oder Pitchen ist zum Teil angesagt. Das mag unter normalen Bedingungen und insbesondere dann, wenn der Golfer sich schon in die Reihe der Fortgeschrittenen oder Könner einreihen kann, viel Sinn machen. Wenn es aber um die Platzreife geht und jeder zusätzliche Schlag zu einem negativen Ausgang der Prüfung führen kann, ist Vorsicht angesagt.

Lösung

Es gibt Golflehrer, die in einer solchen Situation raten, auf keinen Fall ein Eisen zu verwenden. Die Gefahr, den Ball so unglücklich zu treffen, daß er weit über das Green oder sogar über die Fahne hinaus geschlagen wird, ist groß. Jeder Schlag mit dem Eisen kann nämlich zu einem Flugball über eine längere Distanz als gewollt führen. Deshalb heißt der Rat: Verwenden Sie aus Sicherheitsgründen den Putter. Mit ihm werden Sie kaum Gefahr laufen, den Ball hoch zu schlagen. Sie treiben oder schieben ihn sozusagen am Boden entlang. Er wird keine Flugbahn nehmen. Dadurch ist auch sichergestellt, daß Sie einigermaßen die Richtung zur Fahne einhalten. Beim unglücklichen Schlag mit dem Eisen sind meterweite Abweichungen nach links oder rechts durchaus möglich. Mit dem Putter müssen Sie nur die Distanz kontrollieren. Dabei sollten Sie beachten, daß mehr Druck notwendig ist, je höher das Gras ist. Selbstverständlich darf der Putter nur vor dem Green verwendet werden, wenn dort das Gras nicht zu hoch gewachsen ist.

Fazit

Die Möglichkeit, die ein Schlag mit dem Putter bietet, sollte genutzt werden, um ärgerliche Abweichungen von der geraden Linie zur Fahne zu vermeiden. Diese Regel gilt dann, wenn auf Sicherheit gespielt werden muß.

Tip 72 An sich selbst glauben

Das Problem

Da steht der Anfänger auf dem Golfplatz und sieht, wie rund um ihn präzise Bälle geschlagen werden. Er selbst kann nicht gerade mit weiten Schlägen und präzisen Putts brillieren. Frust kommt auf. Ähnliches wiederholt sich oft bei der Prüfung zur Platzreife. Der Anfänger glaubt, diese doch ziemlich schwere Prüfung nicht zu schaffen. Insbesondere dann, wenn die Prüfung mit anderen abgehalten wird, die gleich am Anfang durch gute Schläge auf sich aufmerksam machen.

Lösung

Denken Sie immer an sich, und glauben Sie vor allem an sich und Ihr Können. Vergegenwärtigen Sie sich, was Sie auf anderen Gebieten schon alles geleistet haben. Und wenn jemand bei der Prüfung am Anfang besser ist als Sie – was macht es schon. Denken Sie an die vielen guten Golfer, die sogar bei Loch 15 und höher nach hervorragendem Spiel einen Einbruch bekamen und von anfangs schlechteren Konkurrenten schließlich geschlagen wurden.

Fazit

Wer nicht an sein Können glaubt, sollte besser gar nicht erst den Schläger in die Hand nehmen.

Tip 73 Nicht zu hoch aufteen

Das Problem

Viele Einsteiger in den Golfsport haben Schwierigkeiten mit dem Aufteen, ebenso mit dem Legen des Balls auf das Tee. Manche glauben, je mehr das Tee aus dem Boden schaut, um so sicherer seien sie, nicht in den Boden zu schlagen und den Ball optimal treffen zu können.

Lösung

Es gibt keine verbindlichen Regeln, wie hoch genau aufgeteet werden muß. Auf keinen Fall zu hoch. Manche Golfer nennen als Faustregel, man sollte noch bequem die Finger unter den Ball schieben können. Wen die Natur allerdings mit Fingern von den Maßen einer bayerischen Weißwurst ausgestattet hat, der bekommt mit dieser Regel auch Probleme. Wer mit Holz schlägt, sollte sicherstellen, daß zumindest die Hälfte des Balls noch über dem Schlägerkopf sichtbar ist. Wird ein Eisen benutzt, kann selbstverständlich der Ball nicht so hoch aufgeteet werden. Das Aufteen ist grundsätzlich nur am Abschlag erlaubt.

Fazit

Nicht der Versuchung erliegen, durch hohes Aufteen bessere Schläge zu erzielen.

Tip 74 Zum »Gras-Leser« werden

Das Problem

Es passiert immer wieder. Besonders ärgerlich wird die Sache, wenn es um die entscheidenden Schläge geht. Davon können nicht nur die fortgeschrittenen Golfer und die Teilnehmer an Turnieren ein Lied singen, sondern auch die frisch zur Prüfung der Platzreife antretenden Golf-Neulinge. Beim Putten bedarf es mehrerer Schläge, bis der Ball endlich in das Loch rollt. Und das sogar bei kurzen Distanzen. Mit einem Schlag hatte der Spieler kalkuliert. Schließlich sind es drei geworden oder gar vier. Ärgerlich.

Lösung

In diesem Fall sollten Sie von erfahrenen Golfern lernen. Sie hören zwar nicht das Gras wachsen, dafür aber sind sie in der Lage, das Gras zu »lesen«. Diese Fähigkeit hilft ihnen, besonders für das Putten die richtige Schlagstärke zu erkennen. Es kommt nämlich darauf an, wie das Gras gewachsen ist – genauer gesagt, in welche Richtung. Der Schlag muß eine andere Stärke haben, wenn das Gras zum Loch hin wächst oder eben vom Loch weg. Wächst das Gras zum Loch hin, rollt der Ball schneller; zeigt der Graswuchs vom Loch weg, rollt der Ball weniger schnell. Um den Graswuchs zu erkennen, nimmt der Golfer hinter dem Ball eine Hockstellung mit Blick zum Loch hin ein. Erscheint die Grasfläche stumpf, so ist das ein Indikator dafür, daß das Gras vom Loch weg wächst; der Ball wird also langsamer rollen und bedarf deshalb eines stärkeren Schlags. Glänzt die Grasfläche, so wächst das Gras zum Loch hin; der Ball benötigt daher eine geringere Schlagstärke. Die Grashalme verursachen keine so starke Bremswirkung wie im umgekehrten Fall.

Fazit

Es lohnt sich – selbst bei Putts über kurze Strecken –, die Beschaffenheit des Grases auf der »Rollbahn« des Balls vor dem Schlag genau zu studieren.

Tip 75 Lassen Sie sich nicht hetzen

Das Problem

Ausgangslage soll die Prüfung zur Platzreife oder auch ein Turnier sein. Da steht der Golfer vor dem ersten Abschlag – beäugt von anderen, die auf den ihren warten, oder von Zuschauern, die gern einen tollen Schlag sehen möchten. Der Blick der Zuschauer führt zu Nervosität. Was denkt der Golfer in dieser Situation? Am besten schnell den

Schlag hinter sich bringen. Und da beginnt das Drama. Der Schlag gerät nicht in der erwarteten Weise. Dazu kommt, daß der erste Abschlag meist maßgeblich das weitere Spiel beeinflußt – positiv oder negativ. In dem geschilderten Fall vermutlich negativ.

Lösung

Vergessen Sie die Menschen um Sie herum. Machen Sie sich frei von der Vorstellung, alle Augen seien auf Sie gerichtet und Sie müßten jetzt einen guten Schlag zeigen, um sich nicht zu blamieren. Nehmen Sie sich Zeit. Konzentrieren Sie sich voll auf den Ball und Ihren Schlag. Das Umfeld sollte Sie nicht interessieren. Am besten stellen Sie sich vor, ganz allein am Abschlag zu stehen. Markieren Sie mit den Augen ein Ziel, das der Ball treffen soll.

Fazit

Die Golfer sind beim Abschlag – insbesondere beim ersten – oft in derselben Situation wie andere Leistungssportler auch, die sich von Zuschauern nicht nervös machen lassen dürfen. Auch Redner haben dasselbe Problem. Sie dürfen sich ebenfalls von den vielen Zuhörern nicht irritieren lassen.

Tip 76 Sicherheit ist angesagt

Das Problem

Sie können einem leid tun, jene Golfer, die bei der Prüfung zur Platzreife den Ball in ein Rough schlagen. Da muß er zuerst einmal im hohen Gras gesucht werden. Hat man ihn dann im erlaubten Zeitrahmen gefunden, ergibt sich meist das nächste Mißgeschick. Der Golfer versucht, den Ball aus dem Rough zu schlagen. Doch was passiert? Der Ball flitzt wie ein Maulwurf durch das Gras. Gelegentlich wird er dann nicht mehr gefunden, oder er liegt noch ungünstiger als zuvor. Das kostet jene entscheidenden Schläge, die letztlich dazu führen, zur nächsten Prüfung wieder antreten zu müssen. Fälle wie diese passieren auch fortgeschrittenen Golfern, was zum Beispiel bei einem Turnier besonders ärgerlich ist.

Lösung

Einmal abgesehen von allen Tips und Tricks, wie man sich bei Schlägen aus dem Rough verhält, gibt es in entscheidenden Situationen einen wichtigen Hinweis: Spielen Sie auf Sicherheit. Was nützt es, wenn Sie versuchen, den Ball aus dem Rough über eine längere Distanz zu schlagen? Die Möglichkeit, daß er wieder im hohen Gras landet, kann kaum ausgeschlossen werden. Sie sollten in entscheidenden Momenten wie denen der Prüfung zur Platzreife oder auch bei Turnieren nicht den strahlenden Super-Golfer spielen wollen und das mit einem weiten Schlag zu dokumentieren versuchen. Besser: die kürzeste Distanz aus dem Rough heraus suchen.

Fazit

Der Schlag aus dem Rough in Richtung Fahne mag zwar verlocken. Wenn dabei jedoch über eine längere Rough-Strecke gespielt werden muß, ist die kürzeste Distanz zurück zum geschnittenen Gras vorzuziehen.

Tip 77 Denken Sie vorwärts und niemals zurück

Das Problem

Es hat keinen Sinn: Auch wenn Sie beim Spiel oder bei der Prüfung zur Platzreife schon einige Schläge hintenliegen, mit Hektik und blindem Aktionismus läßt sich die Aufholjagd kaum gewinnen. Eher dürften sich noch mehr Fehler einschleichen, die Zahl der Schläge sich erhöhen.

Lösung

Erfahrene Golfer raten immer wieder dazu, schnell zu vergessen, was sich an den vorhergehenden Löchern abgespielt hat. Also: Sich nicht nervös machen lassen von den vielen Schlägen, die zum Beispiel am Loch zuvor notwendig waren. Auf keinen Fall darf der Ärger über verpatzte Schläge zum nächsten Loch mitgenommen werden. Das wenigste, was Sie beim Golfen gebrauchen können, ist Unruhe und Belastung durch Gedanken an vertane Möglichkeiten. Wer im Golf ein gutes Spiel absolvieren möchte, muß sich mental frei machen. In diesem Sport zählt nicht nur die Technik, sondern auch die geistige Einstellung.

Fazit

Es gibt viele Möglichkeiten beim Golf, aus einer vermeintlich aussichtslosen Situation wieder auf die Gewinnerstraße zu gelangen. Dabei ist die mentale Einstellung von großer Bedeutung. Das gilt insbesondere für die Prüfung zur Platzreife. Dabei muß die Devise »Vergiß, was war, konzentriere dich stets auf die neue Aufgabe« konsequent beachtet werden. Oder anders ausgedrückt: Die Anzahl der Schläge an einem vorhergehenden Loch läßt sich rückwirkend nicht mehr ändern. Nur die volle Konzentration auf die nächsten Schläge kann noch die Wende bringen. Und bei der Prüfung zur Platzreife vielleicht die begehrte Berechtigungskarte zum Spiel auf den Fairways.

Die besonderen Tips

Tip 78 Am Anfang nicht mit der Superausrüstung antreten

Das Problem

Hinreichend bekannt ist das Phänomen vom Skifahrer. Da kommt ein Anfänger auf die Piste – gedreßt wie ein Skirennläufer und an den Füßen die teuersten Bretter der Saison. Mit diesem Outfit zieht er die Blicke der Umstehenden auf sich. Jeder erwartet nun eine Super-Abfahrt. Doch schon nach ein paar Metern liegt der Hoffnungsträger wie ein Maikäfer auf der Piste – zur Schadenfreude der Umstehenden. Beim Golf ist die Ausgangslage zwar etwas anders zu sehen. Dennoch sollte ein Anfänger nicht gleich mit einer Super-Ausrüstung antreten. Der Grund liegt vor allem in der Erkenntnis, daß mit dem wachsenden Können die Ansprüche steigen und vielleicht bereits nach einem Jahr die teure Ausrüstung nicht mehr den Ansprüchen entspricht.

Lösung

Viele Praktiker empfehlen, am Anfang ein gebrauchtes Set zu kaufen. Fast in jedem Club findet sich jemand, der gern ein neues Set kaufen möchte und deshalb sein altes anbietet. Die Preise dafür liegen meist auf einem sehr günstigen Niveau. Auf jeden Fall sollten Sie sich auch beim Gebrauchtkauf vom Golflehrer beraten lassen.

Fazit

Es macht mehr Spaß und ist vor allem auch vernünftiger, mit steigendem Können eine neue Golfausrüstung zu kaufen.

Tip 79 Den Platz ausspionieren

Das Problem

Die Schwierigkeit bei der Prüfung zur Platzreife ist oft, daß der Platz, auf dem die Prüfung abgenommen wird, dem Golfer zuwenig bekannt ist. Wie auch? Darf er doch erst dann darauf spielen, wenn er die Platzreife bestätigt bekommen hat. Die Konfrontation mit vielen neuen Gegebenheiten, die eben auf der Driving Range nicht geprobt werden können, verunsichert und führt zu vermeidbaren Fehlern. Andererseits ist dies auch gewollt. Der Aspirant soll zeigen, was er unter den realen Bedingungen und ohne große Vorkenntnisse der Gegebenheiten an Golftechnik und an Taktik zu bieten hat.

Lösung

Ein Trick, um sich besser auf die Prüfung einstellen zu können, ist, den Platz vorher auszuspionieren. Das kann ganz legal dadurch geschehen, daß Sie den Golflehrer bitten, mit Ihnen vor der Prüfung über den Platz zu gehen und die wichtigsten Gegebenheiten zu erklären. Vielleicht erlaubt der Golflehrer dabei auch das Spiel unter seiner Aufsicht. Eine andere Möglichkeit: Sie bitten einen Freund oder Bekannten, der die Platzreife besitzt, mit ihm über den Platz gehen zu dürfen. Selbstverständlich ist es dabei nicht erlaubt, selbst zu spielen. Durch das Zuschauen läßt sich der Platz, auf dem später die Prü-

Der berühmte Golfer Nick Faldo läßt sich Tips von seinem Caddy geben – der Anfänger sollte sich an routinierte Golfer wenden. (Foto: Bridgestone)

fung abgenommen wird, kennenlernen. Außerdem kann der Freund oder Bekannte Hinweise auf besondere Situationen geben und darauf, wie sie am besten gemeistert werden können.

Es gibt noch eine Möglichkeit, die sich in der Grauzone des Regelwerks befindet: Sie gehen sehr früh, bevor die ersten Golfer ihr Spiel beginnen, über den Platz und studieren seine Topographie und die Besonderheiten. Selbstverständlich ist es verboten, selbst zu spielen. Wer es trotzdem an manchen Löchern versucht, der muß auf jeden Fall sicher sein, nicht erwischt zu werden. Achtung: Manche Golfer sind bekanntlich sehr früh auf den Beinen und auf dem Platz. Sie müssen ja nicht gleich gegen das Regelwerk verstoßen und sollten dies auch nicht tun. Es genügt schon der Spaziergang über den Platz, wenn abends niemand mehr spielt oder früh morgens noch nicht gespielt wird, um sich die einzelnen Löcher und ihre Umgebung besser einzuprägen. Skirennläufer studieren auch vorher die Strecke. Dabei ist es ihnen nicht erlaubt, diese zu betreten. Ein Verstoß würde zur Disqualifizierung führen. Ähnlich wie beim Betreten des Golfplatzes vor der bestandenen Prüfung zur Platzreife.

Fazit

Je besser Sie den Platz vor der Prüfung kennen, um so größer ist die Wahrscheinlichkeit, die Prüfung zur Platzreife zu bestehen.

Tip 80 Immer vor dem Golfen aufwärmen

Das Problem

Da kommt der Golfer zum Platz oder auf die Driving Range und glaubt, fit zu sein. Mental mag das vielleicht der Fall sein, jedoch trifft es gelegentlich nicht auf die körperliche Verfassung zu. Viele Golfer laufen Gefahr, sich Verspannungen oder Zerrungen zuzuziehen, weil sie den Zustand ihres Körpers vor Beginn des Spiels falsch einschätzen.

Lösung

Nicht ohne Aufwärmtraining mit dem Spiel beginnen! Das gilt auch für das Üben auf der Driving Range. Ein kalter Körper verweigert bestimmte Bewegungen oder führt sie eben so aus, daß es zu Beeinträchtigungen kommt. Auf die Bewegung kommt es an, damit die Muskeln warm und locker sind. Empfehlenswert ist es, einen Golfschläger quer hinter den Schultern zu plazieren, an beiden Enden mit den Armen festzuhalten und in dieser Position Rotationsbewegungen auszuführen. Ebenso empfiehlt es sich, den Schläger quer hinter der Taille zu plazieren, die Enden in die

Armbeugen zu klemmen und in dieser Stellung wieder Rotationsbewegungen auszuführen. Eine weitere Möglichkeit sind Schlagbewegungen mit dem Schläger, aber ohne Ball. Wer dabei zwei Schläger in eine Hand nimmt, erreicht eine stärkere Belastung der Muskulatur und wahrscheinlich für das Spiel auch mehr Dynamik.

Fazit

Golf folgt in puncto Vorbereitung keinen anderen Regeln als andere Sportarten: Das Aufwärmen ist für die Muskulatur notwendig.

Wichtig vor dem Training und vor dem Spiel:
Gelenke und Muskulatur in Bewegung bringen. Den Schläger hinter dem Rücken in die Armbeugen legen und den Oberkörper hin und her drehen.

Auch das mehrmalige Drehen des Oberkörpers mit dem Schläger auf den Schulterblättern ist eine wirksame Übung, um sich auf Training und Spiel vorzubereiten.

Tip 81 Beim Droppen die Möglichkeiten nutzen

Das Problem

Die Regeln des Golfsports erlauben das sogenannte Droppen des Balls – also das Fallenlassen. Dies ist zum Beispiel der Fall, wenn ein Ball als unspielbar erklärt wird. Der Ball darf innerhalb von zwei Schlägerlängen von der Stelle gedroppt werden, wo er ursprünglich lag. Nach den Regeln verboten ist es, den Ball näher zum Loch zu droppen.

Lösung

Ohne Zweifel gehört Golf zu den edelsten Sportarten. Die Regeln werden im allgemeinen sehr penibel eingehalten. Dazu gibt es eine sehr festumrissene Etikette. Deshalb kann auch nicht empfohlen werden, die Regeln zu umgehen oder gar zu schummeln. Beim Droppen allerdings gibt es einen durchaus regelgemäßen Tip, um ein Optimum an Vorteil zu erreichen. Ausgangsüberlegung ist der Teil der Regel, der besagt, daß der Ball innerhalb von zwei Schlägerlängen gedroppt werden darf. Warum also nicht den längsten Schläger aus dem Bag nehmen und damit die Distanz abmessen?

Fazit

Aus der Situation des Droppens sind schon manche guten Schläge realisiert worden.

Tip 82 Spielen Sie immer einen »provisorischen Ball«

Das Problem

Die Szene wiederholt sich auf vielen Golfplätzen mehrmals am Tag. Der Ball nimmt beim Abschlag eine etwas andere Flugbahn ein als geplant. Der Spieler ist sich nicht sicher, ob der Ball nun im hohen Gras wiedergefunden wird. Er versucht es auf jeden Fall. Aber: Nach der Regelzeit wird der Ball nicht gefunden. Er muß einen neuen schlagen und trabt zum Abschlag zurück. Von der Suche schon etwas müde und auch verärgert über sein Mißgeschick, schlägt er also den zweiten Ball – natürlich unter Erfolgsdruck – und verschlägt ihn wieder. Pech oder eben auch mangelnde Taktik.

Lösung

Lassen Sie sich nicht auf das Abenteuer ein, eventuell wieder zurückgehen zu müssen, um einen neuen

Ball zu schlagen. Schlagen Sie auf jeden Fall dann einen »provisorischen Ball«, wenn Sie nicht sicher sind, den ersten Ball wiederzufinden. Die Regeln erlauben dies. Wenn Sie den ersten Ball wiederfinden, können Sie sich den provisorischen schenken. Wenn nicht, ersparen Sie sich den Weg zum Abschlag des ersten Balls.

Fazit

Der provisorische Ball ist eben als Provisorium gedacht. Und das sollten Sie nutzen.

Tip 83 Überwinden Sie Hindernisse – optisch

Das Problem

Jeder Golfer kann ein Lied davon singen. Beim Training auf der Driving Range funktionieren die langen Schläge. Ein Glücksgefühl befällt den Spieler. Doch dann – wenn es auf dem Platz ernst wird – versagt er. Da muß der Ball zum Beispiel über ein Wasserhindernis oder über einen Biotop geschlagen werden und landet prompt im Hindernis. Das Verrückte daran: Auf der Driving Range und auch auf dem Platz ohne Hindernis schlägt man viele Meter weiter als bei einem Schlag über ein Hindernis. So erklären sich auch die vielen »Wasserbälle«, die preiswert auf vielen Golfplätzen – geduldet oder geheim – von ballsammelnden und tauchenden Kindern angeboten werden.

Lösung

Erfahrene Golfspieler empfehlen, das Problem der Diskrepanz zwischen Können und Gehemmtsein auf einfache Weise zu lösen. Auf keinen Fall dürfen Sie den Schlag mit der Vorstellung ausführen, unbedingt das Hindernis überwinden zu müssen – also gegen das Hindernis zu kämpfen. Das geht meist schief. Besser ist es, sich einen Zielpunkt hinter dem Hindernis auszusuchen und sich voll auf diesen zu konzentrieren. Also: Sie schlagen den Ball mit der Absicht, diesen Zielpunkt zu treffen. Sie können sich auch vorstellen, an diesem Zielpunkt stehe die Fahne des Greens, und die wollen Sie anspielen.

Fazit

Nie das Hindernis in den Vordergrund Ihres Schlagziels stellen. Besser ist es, mental das Hindernis auszuklammern und sich auf einen Punkt hinter dem Hindernis zu konzentrieren. Dadurch schlagen Sie weniger Wasserbälle oder versenken nicht mehr so viele Bälle in Biotope und andere unzugängliche Hindernisse.

Tip 84 Die Angst vor harten Fairways bekämpfen

Das Problem

Das Verletzungsrisiko beim Golfen ist zwar gering, trotzdem schwingt gelegentlich die Angst bei manchen Schlägen mit. Das gilt insbesondere dann, wenn auf hartem Boden gespielt wird. Die Angst mag vielleicht begründet sein, weil jeder Golfspieler in regelmäßigen Abständen wieder einmal den Boden und nicht den Ball trifft. Bei weichem Boden mag das angehen, bei hartem kann jedoch schon ein wenig Angst aufkommen, obwohl die Wahrscheinlichkeit von Verletzungen gering ist. Insbesondere dann, wenn mit dem Holz geschlagen werden soll, packt mancher bei einem Schlag ohne Tee ein Eisen aus.

Lösung

Stellen Sie sich vor, Sie würden – zum Beispiel mit dem Holz – auf einer geraden Fläche schlagen. Ignorieren Sie also den Härteeffekt des Bodens. Allerdings müssen Sie so schlagen, daß Sie weit durchschwingen und nicht, von oben kommend, in den Boden treffen. Eine andere Möglichkeit: Besorgen Sie sich ein Holzbrett, von dem Sie die Bälle schlagen. Sie werden sich so schnell ein Schlaggefühl für härteren Boden antrainieren und damit Ihren Gegnern um manche Länge voraus sein.

Fazit

Nur nicht in Angst verfallen, wenn es um einen härteren Untergrund geht. Vielleicht sind das – Hemmungen durch Training abgelegt – Ihre besten Schläge gegenüber anderen Spielern.

Tip 85 Führen Sie Tagebuch

Das Problem

Es gibt Höhen und Tiefen im Golfsport. Viele Golfer – insbesondere Anfänger – delektieren sich an ein paar guten Schlägen am Tag und vergessen damit alles, was nicht unter »gut« oder »befriedigend« einzustufen ist. Die Folge: Sie klammern die Felder aus, auf denen keine gute Leistung steht, und konzentrieren sich vielmehr auf die Schokoladenseiten ihres Golfspiels.

Lösung

Wer sich kontinuierlich weiterentwickeln möchte, sollte seine Fortschritte auch dokumentieren. Deshalb raten viele Golfspieler zum Führen eines Tagebuchs. Darin werden auf den verschiedenen Gebieten die einzelnen Fortschritte oder auch Rückschläge vermerkt. Zählen Sie zum Beispiel als Anfänger, wie viele sehr gute, gute und mittelmäßige Schläge Sie mit den verschiedenen Eisen realisiert haben. Treten Sie dabei mit sich in einer Art Wettkampf an. Also: Schlagen Sie zum Beispiel 20mal mit jedem Eisen ab. Diesen Wettkampf können Sie auf Schläge mit dem Putter, dem Wedge, den Hölzern usw. ausdehnen. Beim nächsten Mal notieren Sie wieder die Schläge. Sie können auf diese Weise schnell Ihre Fortschritte, aber auch Ihre Schwachstellen erkennen.

Fazit

Wer sich selbst Schulnoten gibt, wird schneller zum besseren Golfer werden.

Tip 86 Arbeiten Sie mit dem Spiegel-Trick

Das Problem

Beim Üben auf der Driving Range fühlt sich der Golfer meist ziemlich allein gelassen. Kein Golflehrer, der die Standposition oder die Haltung korrigiert. Dazu kommt die ständige Unsicherheit, ob man auch all das beachtet, was man vorher gelernt hat. Sicher, man könnte Freunde fragen. Doch sind die in der Lage oder bringen sie überhaupt das Wissen mit, nachhaltig und verständlich zu korrigieren?

Lösung

Telefonieren Sie verschiedene Driving Ranges ab und fragen Sie, ob es dort eine Abschlaghütte mit einem großen Wandspiegel gibt. Vielleicht können Sie sich aber auch die Mühe ersparen, weil Ihr Club eine solche Hilfskonstruktion bereits bietet. Sie glauben gar nicht, wieviel ein Wandspiegel hilft, vor dem Abschläge geübt werden können. Übrigens lassen sich die Standposition und die Schlagbewegungen auch zu Hause vor dem Wandspiegel üben. Allerdings sollten Sie dort nur ein »Trockentraining« absolvieren. Der Schläger bleibt eingepackt, um nicht in ungebremster Begeisterung die Wohnungseinrichtung zu demolieren.

Fazit

Der Spiegel kann manche Trainingseinheit mit dem Pro ersetzen.

Tip 87 Immer das Ziel im Auge behalten

Das Problem

Es ist schon verwunderlich, wie viele Golfer – insbesondere unter den Anfängern – keine genaue Vorstellung haben, wohin sie den Ball eigentlich schlagen. Das Prinzip Hoffnung spielt dabei oft eine dominierende Rolle. Da wird auf den Ball gedroschen und eben unterstellt, der wird schon die richtige Richtung finden. Nur: Die Unterstellung erweist sich oft als Luftblase. Der Traum vom Superschlag zerplatzt.

Lösung

Stellen Sie sich eine Linie von der Lage des Balls beim Abschlag bis zu seinem Ziel vor. Sie müssen sicherstellen, parallel zu dieser Linie zu stehen. Das Schlägerblatt muß quer zu dieser Linie stehen und den Ball auch quer dazu treffen. Sie können sich zusätzlich noch eine Sicherheitsmarke einbauen: Stellen Sie sich eine imaginäre Marke etwa drei Meter vor sich auf der Linie Ball – Ziel vor. Über diese Marke muß der Ball geschlagen werden. Der große Fehler, der nun oft begangen wird, ist, zwar das Ziel anzuvisieren, jedoch kurz vor dem Schlag die guten Vorsätze zu vergessen. Dann wird auf den Ball gedroschen und das Ziel nicht mehr im Auge behalten. Deshalb ist es insbesondere bei der Prüfung zur Platzreife und bei Turnieren so wichtig, sich vor dem Schlag nochmals zu vergewissern, daß auch wirklich die parallele Position zur Schlaglinie eingenommen ist und das Ziel im Auge behalten wird. Außerdem muß das Schlägerblatt quer auf den Ball treffen.

Fazit

Nur die genaue Vorbereitung garantiert später einen optimalen Schlag.

Profi Ronan Rafferty zeigt eine optimale Schlagbewegung. (Foto: Spalding)

Tip 88 Im Wettstreit der Videos Schiedsrichter spielen

Das Problem

Wie für fast alle Sportarten werden heute auch für Golf Unterrichtseinheiten auf Videos angeboten. Solches optische Schaumaterial kann sicher manche Anregung vermitteln und helfen, das Spiel zu verbessern.

Lösung

Mehr Sinn macht es jedoch, sich selbst beim Schlagen des Balls mit verschiedenen Eisen und auch mit dem Holz auf Video filmen zu lassen. Zu Hause sollten Sie sich dann Ihr eigenes Spiel auf Video vorführen und anschließend ein »Profi-Video« laufen lassen. Die eigene Rolle besteht in der eines kritischen Schiedsrichters.

Sinn dieser Übung ist es, die vermeintlich guten Schläge und das vermeintlich gute Spiel auf der Driving Range nicht aus der Sicht des Balldreschens, sondern aus der des Zuschauers zu analysieren. Meist werden Sie sehr schnell erkennen, daß die Körperhaltung katastrophal ist. Die Schwachstellen und das Wo und Wie von Verbesserungen zeigt das »Profi-Video«. Ideal ist es, wenn das Filmen der eigenen Person in bestimmten Zeitabständen wiederholt wird, um Verbesserungen zu erkennen und sich an diesen auch motivieren zu können. Der Trick mit den zwei Videos wird übrigens auch in manchen Golfschulen angewandt.

Fazit

Sie müssen sich ja nicht gleich eine teure Videothek anlegen. Außerdem kann das Video nur als flankierende Maßnahme auf dem Weg zu einem besseren Golfspiel betrachtet werden.

Tip 89 Als Zuschauer lernen

Das Problem

Ohne Golflehrer geht am Anfang kaum etwas bei diesem komplizierten Sport. Und auch später bedarf es immer wieder eines Lehrers, um das Spiel zu verbessern und eingeschlichene Fehler wieder auszumerzen.

Golfstunden sind – auch wenn es die Pros nicht gern hören – kein preiswertes Vergnügen. Da sich Unterrichtsstunden am Anfang bis zum Erreichen der Platzreife häufen, muß von den weniger betuchten Anfängern nach Möglichkeiten der Reduzierung Ausschau gehalten werden. Dieses Buch mit seinen vielen Tips und Tricks kann sicher dazu beitragen. Zusätzlich gibt es sogar Möglichkeiten, an einem Umsonst-Kurs teilzunehmen – als Zuschauer.

Lösung

Der eigene Golflehrer wird meist nichts einzuwenden haben, wenn Sie vor oder nach dem Kurs noch den Unterricht anderer beobachten. Sie sollten allerdings höflichkeitshalber vorher fragen. Zusätzlich gibt es die Möglichkeit, die Driving Range anderer Golfplätze zu besuchen, sich dort bei einem Golflehrer nach den Konditionen und den Möglichkeiten für Kurse bzw. Einzelstunden zu erkundigen und dies gleichzeitig mit der Bitte zu verknüpfen, beim Unterricht kurz zuschauen zu dürfen. Meist klappt dieser Trick. Der kostenlose Golfunterricht aus der Zuschauerperspektive ist dadurch gesichert.

Fazit

Es gilt die alte Regel: Wer nichts riskiert, wird auch nichts gewinnen. Wer also nicht den Mut hat, sich als Zuschauer beim Golfunterricht anderer zu versuchen, der kann kaum kostenloses Know-how erwerben.

Tip 90 Relaxen ist angesagt

Das Problem

Viele Golfer befällt ein Gefühl der Unruhe, sobald sie den Golfplatz betreten. Sie glauben, sie müßten so viele Bälle wie möglich schlagen. Insbesondere die Beginner unter den Spielern lassen sich zu wenig Zeit beim Schlagen. Kaum ist der Ball angesprochen – wenn diese wichtige Übung nicht gleich übergangen wird –, erfolgt schon ein munteres Eindreschen auf den Ball. Und das mit verheerenden Folgen. Bälle finden nicht ihr Ziel, ihre Abweichtoleranz ist so groß, daß man genauso blind hätte schlagen können. Und mancher Ball kringelt nur vor sich hin und weigert sich beharrlich, eine ansprechende Flugbahn aufzunehmen.

Lösung

Gehen Sie entspannt an das Golfspiel heran. Insbesondere sollten Sie sich nicht von einer Unruhe befallen lassen, wenn Sie vor dem schlagbereiten Ball stehen. Sprechen Sie den Ball in aller Ruhe an, konzentrieren Sie sich auf die wesentlichen Punkte eines Schlags und lassen Sie sich auch durch Umherstehende nicht aus der Ruhe bringen. Erst wenn Sie im Geist noch mal alle wichtigen Einzelheiten, die zu einem guten Schlag führen, durchgegangen sind, sollten Sie den Schlag ausführen. Sie sollten sich nicht unter Druck setzen lassen – auch nicht von sich selbst.

Fazit

Erst relaxen, dann spielen. Wer so an das Spiel herangeht, hat größere Chancen, optimale Schläge auszuführen.

Tip 91 Das linke Handgelenk nicht abknicken

Das Problem

Eigentlich hat es der Lehrer oft genug korrigiert, doch im entscheidenden Moment wird das wichtige Detail beim Schwung vergessen. Später achtet man nicht mehr darauf, und die Treffsicherheit der Schläge verschlechtert sich. Die Rede ist vom Abknicken des linken Handgelenks in dem Augenblick, den der Golfexperte als »Treffmoment« bezeichnet. Der eigentliche Fehler: Das Handgelenk wird abgeknickt – in Richtung zum Ziel. Die Folge: Der Ball bekommt einen Dreh nach links und verfehlt das angestrebte Ziel. Durch das Abknicken des Handgelenks dreht sich nämlich automatisch das Schlägerblatt.

Lösung

Es gibt einen einfachen Trick, diesen Fehler »abzutrainieren«. Dazu muß beim Üben ein elastisches Lineal oder ein ähnlich versteifendes Element zwischen dem linken Handrücken und dem linken Arm befestigt werden. Dadurch werden Sie automatisch gezwungen, das Abknicken des linken Handgelenks zu unterlassen. Jetzt versuchen Sie mit dieser Hilfskonstruktion Putts über verschiedene Längen. Da dieses Hilfsmittel beim Spiel auf dem Platz nicht eingesetzt werden kann, müssen Sie die so antrainierte Technik verinnerlichen und später automatisch beherrschen.

Fazit

Das Handgelenk und seine richtige Stellung tragen wesentlich zu einem gelungenen Schlag bei.

Tip 92 Der Stuhl-Trick

Das Problem

Unruhe befällt den Golfer im Winter. Schnee und zu stark gefrorener Boden lassen ihm keine Chance, seinem Sport nachzugehen. Aber auch der Arbeitsalltag zur Golfzeit hindert ihn daran, den Schläger in die Hand zu nehmen. Wie sich aber einigermaßen in Form halten während dieser Jahreszeit oder auch im Büro, wenn der Golfplatz nicht zur Verfügung steht?

Lösung

Probieren Sie es mit dem Stuhl-Trick. Nehmen Sie auf einem Stuhl ohne Armlehnen Platz. Jetzt führen Sie die üblichen Bewegungen des Rück- und Abschwungs aus – sitzend, versteht sich. Diese Übung kann Ihre Haltung verbessern, da Sie gezwungen sind, nicht unnötig hin und her zu hampeln. Insbesondere der Abschwung kann so verbessert werden. Und Sie haben die Gelegenheit, diese Übung unabhängig vom Wetter und von der Möglichkeit, auf einer Driving Range oder einem Golfplatz zu stehen, durchzuführen. Sie können Ihre Haltung zusätzlich dadurch verbessern, daß Sie den Stuhl vor einen Spiegel stellen.

Fazit

Es wäre schade, die Möglichkeit von Trockenübungen zu ignorieren. Schließlich bringt nur ständiges Üben den erwünschten Erfolg beim Golfspiel.

Tip 93 Stärken Sie Ihre Handgelenke

Das Problem

Es ist ja nicht so, daß der Golfsport überhaupt keine Vorbereitung in Sachen Kondition erfordern würde. Aber: Um es gleich vorwegzunehmen, er bedarf nicht solch intensiver Vorbereitungen, wie sie zum Beispiel beim Radsport oder beim Ringsport erforderlich sind. Trotzdem vergessen die Golfsportler immer wieder, insbesondere die Handgelenke zu stärken.

Lösung

Eine einfach Übung zur Stärkung der Handgelenke läßt sich zu Hause im Keller oder in der Garage absolvieren. Dazu wird ein alter Autoreifen in den Raum gelegt. Der Golfer schlägt mit einem umgekehrt gehaltenen Schläger gegen die Innenwülste des Reifens. Er selbst steht außerhalb des Reifens. Der Schläger wird also am Schlägerkopf gehalten, die Schläge gegen die Innenwülste des Reifens erfolgen mit dem Griff des Schlägers.

Fazit

Das Handgelenk wird beim Golfen besonders beansprucht. Deshalb sollte es auch durch eine gezielte Übung gestärkt werden.

Tip 94 Beim Kauf von Golfbällen sparen

Das Problem

Golfbälle sind zwar als Einzelstück nicht teuer, in der Masse können Sie den Geldbeutel allerdings ganz schön schrumpfen lassen. Gerade Anfänger neigen dazu, viele Bälle zu verschlagen – will heißen, so in Wälder oder hohes Gras zu schlagen, daß sie auch nach intensiver Suche verschwunden bleiben. Beliebt bei Anfängern scheinen auch Wasserhindernisse zu sein, die eine magische Anziehungskraft auf ihre Bälle ausüben. Viele schöne Bälle gehen dem Anfänger so verloren.

Lösung

Es gibt zwar Discounter im Golfsport, die die Bälle etwas preiswerter anbieten. Doch löst sich damit das Problem auch nicht. Ein guter Tip ist, in Shops auf Golfplätzen nach »Wasserbällen« oder eben an anderen Orten gefundenen Bällen zu fragen. Oft werden die von Balljungen und Bauern gefundenen Bälle wieder verkauft – zu günstigen Preisen. Der heißeste Tip ist aber sicher – soweit er funktioniert –, Kinder anzusprechen, die rund um die Golfplätze wohnen und sich mit dem Sammeln verschlagener Bälle ihr Taschengeld aufbessern.

Fazit

Warum nicht auch beim Kauf von Golfbällen nach Schnäppchen suchen?

Tip 95 Zahl der erlaubten Schläger nicht überschreiten

Da kommt ein überstylter Spieler auf den Platz. Sein Bag ist voller Schläger – der letzte Trend der Technik, versteht sich. Er will ja zeigen, was er sich leisten kann. Andere Spieler rümpfen bereits die Nase. Die Rache folgt während des Spiels, da läßt man den Angeber aussteigen. Wie? Ihm wird vorgeworfen, gegen die Regeln verstoßen zu haben. Der wehrt sich und weiß nicht, warum. Er ist wohl bei der Prüfung zur Platzreife um die beliebte Frage herumgekommen: »Wie viele Schläger darf ein Spieler höchstens mit auf eine festgesetzte Runde nehmen?«

Wichtig zum Schutz der Hölzer sind die Kappen. Die Industrie bietet sie in modischen Varianten an. (Foto: Spalding/Fetzer)

Grundsätzlich gilt: Jeder Spieler darf 14 Schläger auf eine Runde mitnehmen. Es ist ihm gestattet, seinen Schlägerbestand während des Spiels auf die Höchstzahl zu ergänzen. Allerdings muß dies ohne Verzögerung des Spiels erfolgen. Partner können Schläger gemeinsam benutzen, allerdings darf dabei die Höchstzahl von 14 Schlägern pro Spieler nicht überschritten werden. Werden Schläger während des Spiels unbrauchbar, dürfen sie durch andere ersetzt werden.

Tip 96 Auf andere Spieler Rücksicht nehmen

Sie sind die unangenehmsten Zeitgenossen – jene, die sich ständig unterhalten, während ein Spieler seinen Ball anspricht oder gerade spielt. Die Ablenkung ist groß. Deshalb widerspricht es auch der Golfetikette, wenn auf andere Spieler keine Rücksicht genommen wird. Es darf sich auch niemand bewegen, wenn sich der andere auf den Schlag vorbereitet oder ihn gerade ausführt. Zur Rücksicht gehört es ebenso, nachfolgende Spieler durchspielen zu lassen, wenn man selbst längere Zeit mit dem Suchen eines Balls beschäftigt ist. Dazu ist ein deutliches Zeichen zum »Überholen« zu geben, denn die anderen Spieler können nicht ohne weiteres die Spielbahn betreten. Das würde gegen die Regeln verstoßen. Zur Golfetikette gehört es auch, möglichst schnell für nachfolgende Gruppen die Bahn freizumachen. Oft wird der Fehler gemacht, sich auf dem Green noch zu unterhalten oder langwierig die Schläge auf der Scorekarte zu notieren.

Tip 97 Richtig verhalten, wenn der Ball auf einem falschen Grün landet

Mancher Golfer hat es schwer. Da will an einem Tag überhaupt nichts gelingen. Die Bälle wollen einfach nicht dort landen, wo sie eigentlich sollten. An so einem schwarzen Golfertag kann es durchaus passieren, daß zum Beispiel der vermeintlich so schön geschlagene Ball auf dem falschen Grün landet. Das ist ärgerlich, weil damit ja nicht gerade große Golferklasse dokumentiert wird. Es sollte aber nicht peinlich sein, den Ball von dort zu holen, wo andere gerade spielen. Schließlich kann dieses Mißgeschick auch anderen passieren.

Ist ein Ball auf dem falschen Grün gelandet, gilt folgendes: Von dort, wo er liegt, muß der nächstgelegene Punkt zum zu bespielenden Grün festgestellt werden, der sich nicht näher zur Fahne, nicht in einem Hindernis und nicht auf dem Grün befindet.

Der Ball wird aufgenommen. Er wird innerhalb einer Schlägerlänge von dem Punkt aus gedroppt, der die beschriebenen Voraussetzungen erfüllt. Der aufgenommene Ball darf gereinigt werden. Ein Tip: Der Spieler kann zur Bestimmung der Schlägerlänge selbstverständlich sein längstes Holz verwenden.

Tip 98 Den eingedrungenen Ball wieder in Schwung bringen

Es kommt zwar nicht alle Tage vor, doch wenn es passiert, ist oft die Regel nicht bekannt. Bei der Prüfung zur Platzreife kann die Regel schnell zum Stolperstein werden. Die Rede ist vom Verhalten beim »eingedrungenen Ball«. So wird in der Golfersprache eine Situation umschrieben, bei der folgender Sachverhalt zugrunde liegt: Der Spieler hat seinen Ball geschlagen. Der hat sich auf einer kurzgemähten Rasenfläche (Fairway) in ein Einschlagloch gebohrt – er spielt Maulwurf. Der Ball wäre nur mit einem Spaten oder einer Harke aus seinem Erdloch wieder herauszubringen.

In diesem Fall sieht die Regel vor, den Ball aufzunehmen – vom Spieler, der ihn geschlagen hat, versteht sich. Der Ball darf dabei gereinigt werden. Er muß möglichst nahe an der Stelle wieder gedroppt werden, an der er aufgenommen wurde. Auf keinen Fall darf er dabei näher zur Fahne rollen. Aber: Dies gilt nur auf dem Fairway, nicht im Semirough; es gilt immer nur mit Zustimmung des Zählers.

Tip 99 Dem Wasserhindernis trotzen

Es kommt leider immer wieder vor. Da versucht man mit seinem Schlag einem Wasserhindernis auszuweichen, und prompt platscht der Ball ins Wasser. Herauszufischen ist er nicht mehr. Was ist in diesem Fall zu tun? Es gibt zwei Möglichkeiten:

- Der Spieler kann einen neuen Ball von der Stelle spielen, von der aus er den ins Wasser gefallenen Ball geschlagen hatte (Variante 1).

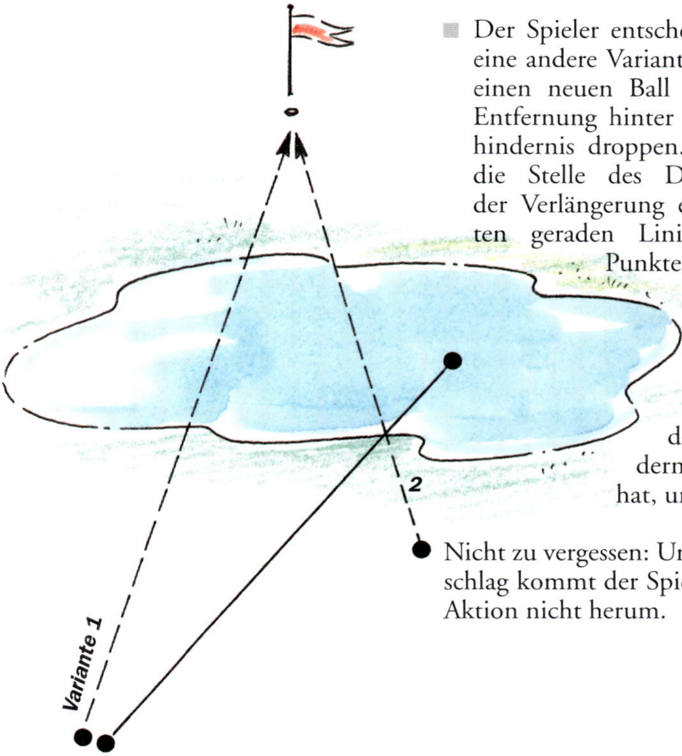

- Der Spieler entscheidet sich für eine andere Variante (2). Er läßt einen neuen Ball in beliebiger Entfernung hinter dem Wasserhindernis droppen. Dabei muß die Stelle des Droppens auf der Verlängerung einer gedachten geraden Linie von zwei Punkten liegen: dem Punkt, an dem der ursprüngliche Ball die Außenlinie des Wasserhindernisses gekreuzt hat, und der Fahne.

Nicht zu vergessen: Um einen Strafschlag kommt der Spieler bei dieser Aktion nicht herum.

Tip 100 Bei seitlichem Wasserhindernis den Überblick nicht verlieren

Zu den schwierigsten Erklärungen aus dem Regelwerk des Golfens gehören die Optionen für das Verhalten bei seitlichen Wasserhindernissen. Vorausgesetzt selbstverständlich, der Ball geht in einem solchen Hindernis verloren. Der Spieler hat nun vier Optionen:

1. Den Ball möglichst nahe an der Stelle wieder zu spielen, wo der ins Wasser gefallene Ball geschlagen wurde.
2. Einen neuen Ball in beliebiger Entfernung hinter dem Wasserhindernis zu droppen. Dabei muß die Stelle des Droppens so gewählt werden, daß sie auf der Verlängerung einer gedachten Linie zwischen zwei Punkten liegt. Die beiden Punkte: der Punkt, an dem der ursprüngliche Ball die Außenlinie des Wasserhindernisses gekreuzt hat, und die Fahne.
3. Einen Ball innerhalb von zwei Schlägerlängen an dem Punkt zu droppen, wo der erste und damit verlorene Ball die Grenze des Wasserhindernisses gekreuzt hat.

4. Den Ball auf der gegenüberliegenden Seite des Wasserhindernisses an einem gleich weit von der Fahne entfernten Punkt zu droppen. Dabei muß sichergestellt sein, daß der Ball beim Droppen nicht näher zur Fahne liegenbleibt.

Ein seitliches Hindernis kann allerdings auch so gelegen sein, daß es nicht möglich ist, einen Ball entsprechend den Regeln hinter dem Wasserhindernis zu droppen. Nach Auffassung einer Spielleitung kann diese Undurchführbarkeit auch erklärt werden. Die Golfregeln sehen vor, daß seitliche Wasserhindernisse deutlich gekennzeichnet werden. Deshalb dürfte auch die rote Farbe für die Pfosten gewählt worden sein.

Tip 101 Bei »Boden in Ausbesserung« richtig handeln

Es gibt sie selbstverständlich auch beim Golfspiel – die typischen Prüfungsfragen. Was ist zum Beispiel zu tun, wenn der Ball in einem Feld landet, das als »Boden in Ausbesserung« gekennzeichnet ist? Die Frage ist deshalb so schwierig zu beantworten, weil der Fall nicht sehr oft gegeben ist. Übrigens tun sich mit dieser Frage auch manche fortgeschrittene Golfer schwer. Die Frage Strafschlag oder nicht wird dann oft diskutiert.

Zuerst einmal: »Boden in Ausbesserung« ist zum Beispiel dann gegeben, wenn wirklich ausgebessert werden muß. Gelegentlich wird auch aus anderen Gründen, die aber nahe am Ausbesserungszweck liegen, ein Stück Rasen entsprechend gekennzeichnet.

Grundsätzlich gilt: Der Spieler kann Erleichterung in Anspruch nehmen – so heißt das in der Golfersprache. Dabei darf er den Ball am nächstgelegenen Punkt droppen, an dem keine Behinderung mehr gegeben ist. Dabei gilt: Der Ball darf auf keinen Fall näher zur Fahne rollen oder auf dem Grün landen. In diesen Fällen ist Wiederholung angesagt. Und: Einen Strafschlag gibt es dafür nicht.

Tip 102 Beim Aufnehmen des Balls Sorgfalt walten lassen

Immer wieder kommt es vor, daß beim Aufnehmen des Balls Streit entfacht wird. Der eine will dies als Regelverstoß gewertet sehen, für den anderen ist diese Handlungsweise erlaubt. Die Wahrheit liegt wie immer dazwischen – mit gutem Grund. Die Wächter des Regelwerks im Golfsport haben sich viele Gedanken gemacht, um ein optimales Spiel zu gewährleisten.

Es gilt also: Jeder Spieler ist verantwortlich für seinen Ball. Er muß ihn auch so kennzeichnen, daß er ihn jederzeit identifizieren kann. Um ihn nun auf dem Platz zu identifizieren, darf der Zähler ihn aufnehmen. Allerdings ist unbedingt eine Einschränkung zu beachten: Der Zähler muß für die Absicht der Ballaufnahme zu dem genannten Zweck vorher die Genehmigung der Mitspieler einholen. Verstößt er gegen diese Regel – kündigt also die Ballaufnahme nicht an –, so handelt er sich damit einen Strafschlag ein.

Tip 103 Den verlorenen Ball beachten

Die Frage wird immer wieder gestellt: Wann ist ein Ball verloren? Wenn die Definition nicht eindeutig beherrscht wird, kann es Nachteile bei der Prüfung zur Platzreife geben, aber auch beim Spiel. Wer läßt sich schon gern durch Nichtkenntnis der Gegebenheiten Strafschläge aufbrummen?

Grundsätzlich gilt: Wenn ein Ball fünf Minuten nach dem Zeitpunkt, an dem die Suche nach ihm aufgenommen wurde, nicht gefunden ist, gilt er als verloren. Wenn er in dieser Zeit gefunden und vom Spieler nicht als dessen eigener erkannt wird, gilt er ebenfalls als verloren. Schlägt der Spieler einen provisorischen Ball, ohne nach dem ersten zu suchen, gilt der Erstgeschlagene ebenso als verloren. Dies trifft für den Fall zu, wenn der provisorische Ball zum »Ball im Spiel« wird. Das erfolgt, sobald ein Spieler nicht beachtet, daß der provisorische Ball nur so lange gespielt werden darf, bis der Spieler damit den Ort erreicht, an dem er seinen ersten Ball vermutet. Spielt er über diese Linie hinaus seinen Ball weiter, gilt der ursprüngliche Ball als verloren, und ein Strafschlag wird angerechnet.

Tip 104 Mit losen hinderlichen Naturstoffen problemlos umgehen

Der Begriff steckt zwar voller Geheimnisse, entpuppt sich aber bei einer genaueren Analyse als ziemlich »bodenständig« und »naturnah«. Ein loser hinderlicher Naturstoff kann zum Beispiel einem Vogel aus einem hier nicht näher zu beschreibenden Körperteil rutschen. Wenn einer Kuh auf dem Golfplatz ähnliches widerfährt und der Golfer in diesen »losen hinderlichen Naturstoff« spielt, dürfte der Spott der Mitspieler nicht lange auf sich warten lassen.

Mit losen hinderlichen Naturstoffen werden Äste, Zweige, Steine und ähnliches bezeichnet, aber auch Insekten und Würmer sowie deren Absonderungen. Selbstverständlich auch der eingangs erwähnte Kot. Diese Hindernisse aus der Natur dürfen jederzeit ohne Strafe entfernt werden (nicht jedoch im Bunker oder Wasserhindernissen). Sollte es dabei zum Bewegen des Balles kommen, dann gilt: Der Spieler bleibt straffrei, wenn der Ball von etwas bewegt wird, das nicht zum Spiel gehört. Allerdings muß der Ball dann wieder in seine ursprüngliche Lage zurückgelegt werden. Sollte die ursprüngliche Lage nicht mehr festgestellt werden (hier gibt es gelegentlich »Streit«), muß der Ball am vermuteten Ort so nahe wie möglich gedroppt bzw. auf das Green gelegt werden.

Um sich bei der Prüfung zur Platzreife nicht aufs Glatteis führen zu lassen: Tau und Reif gelten nicht als lose hinderliche Naturstoffe. Auch nicht künstlich hergestelltes Eis.

Tip 105 Bei beweglichen Hemmnissen die Muskeln spielen lassen

Trifft der Ball auf ein nicht zum Platz gehörendes bewegliches Hemmnis – zum Beispiel die Mähmaschine des Greenkeepers –, so darf dieses entfernt werden. Sollte sich bei dieser Aktion der Ball bewegen, muß dieser an die ursprüngliche Stelle zurückgelegt werden. Die Regeln sind in diesem Fall noch golferfreundlicher. Liegt nämlich der Ball in einem beweglichen Hemmnis, so darf er zum Zweck der Reinigung aufgenommen werden. Das freut den Golfer insbesondere dann, wenn dieses Hemmnis als typisch schmutzmachend bezeichnet werden kann. Der Ball muß – nachdem das Hemmnis entfernt wurde –, an gleicher Stelle wieder gedroppt werden. Auf dem Grün gilt, daß er zurückgelegt werden muß.

Ein Hemmnis darf so lange nicht fortbewegt werden, solange der Ball in Bewegung ist. Es gibt aber Ausnahmen, und die könnte der Prüfer bei der Platzreife abfragen. Entfernt werden dürfen während der Bewegung des Balls ein bedienter Flaggenstock und die Ausrüstung der Spieler.

Tip 106 Mit unbeweglichen Hemmnissen richtig umgehen

Wichtig zu wissen die Definition für Hemmnisse: Es handelt sich um alles Künstliche auf dem Platz. Darin eingeschlossen sind künstlich angelegte Oberflächen und Begrenzungen von Straßen und Wegen. Wichtig für die Prüfung zur Platzreife: Ausgenommen sind zum Beispiel Mauern und Zäune sowie die Kennzeichnungen für die Auslinie und andere Begrenzungen. Kommt nun der Ball so zu liegen, daß durch das unbewegliche Hemmnis der Schwung des Spielers beim Spielen des Balls beeinträchtigt wird, so kann der Spieler mit einem Strafschlag innerhalb von zwei Schlägerlängen droppen. Dazu muß er den nächstgelegenen Punkt vom Ball feststellen, der keine Beeinträchtigung für seinen Schlag mehr bietet und auch nicht näher zur Fahne gelegen ist. Von dort aus wird dann neu gespielt. Wenn der Spieler für die Ermittlung der Schlägerlänge sein längstes Holz verwendet, verstößt er nicht gegen die Regel.

Tip 107 Achtung, wenn sich der Ball bewegt

Immer wieder wird die Frage gestellt, was geschieht, wenn sich der Ball bewegt, der Spieler aber seinen Schlag noch nicht vollständig ausgeführt hat. Das ist nicht nur eine beliebte Prüfungsfrage, sondern auch Grund eines Streitgesprächs unter Golfern.

Zuerst einmal: Der Ball gilt als »bewegt«, wenn er seine Lage verändert. Wird der Ball nun durch irgend etwas bewegt, das nicht zum Spiel gehört – der Wind ist ein Beispiel dafür –, dann bleibt der Spieler straffrei. Allerdings muß der Ball wieder an seine ursprüngliche Stelle gelegt werden. Wird der Ball unbeabsichtigt berührt – zum Beispiel mit der Fußspitze beim Suchen –, so gibt es dafür keinen Strafschlag. Anders verhält es sich, wenn der Ball durch den Spieler bewegt wird. Ein solches Verhalten zieht einen Strafschlag nach sich.

Keinen Strafschlag gibt es aber, wenn lose hinderliche Naturstoffe auf dem Grün entfernt werden und sich dadurch der Ball bewegt. Ebenso, wenn versehentlich der Ball beim Nachmessen, welcher Ball weiter vom Loch entfernt ist, bewegt wird.

Tip 108 Einzelspieler sollen bescheiden sein

Wer die Etikette genau kennt – und das sollte spätestens bei der Prüfung zur Platzreife der Fall sein –, muß wissen, daß auf dem Platz Einzelspieler keine großen Rechte haben. Grundsätzlich gilt: Zweiballspiele haben den Vorrang. Wenn also zwei Spieler mit- bzw. gegeneinander spielen, dürfen sie zuerst einmal Gruppen mit drei und vier Spielern »überholen«. Schwieriger wird es für Einzelspieler, sie müssen durchspielen lassen. Allerdings sieht die Praxis in vielen Fällen anders aus, denn die Einzelspieler sind im allgemeinen in ihrem Spiel so schnell, daß Gruppen mit zwei und drei Spielern keine Gelegenheit zum Durchspielen bekommen. Einzelspieler haben im umgekehrten Fall kein Durchspielrecht. Doch sieht auch hier die Praxis oft anders aus. Man läßt den Einzelspieler durchspielen. Dazu bedarf es allerdings – wie auch bei den übrigen »Überholmanövern« – eines deutlichen Zeichens. Auf manchen Plätzen gibt es Ausnahmen von diesem Grundsatz für Sonn- und Feiertage; dort kann es beispielsweise heißen »Vierer vor Dreier vor Zweier«.

Tip 109 Zeitweilige Wasser erkennen

Es gibt beim Golfspiel die fest definierten Wasserhindernisse. Im Golfsport sind aber auch »zeitweilige Wasser« bekannt. Grundsätzlich sind darunter Wasseransammlungen auf einem Golfplatz außerhalb der fixen Wasserhindernisse zu verstehen. Solche können zum Beispiel vorübergehend durch Regen entstehen. Schnee und Eis gehören ebenfalls zur Kategorie der »zeitweiligen Wasser«. Davon ausgenommen ist jedoch Tau.

Tritt ein Hindernis auf, das zur Kategorie der »zeitweiligen Wasser« gehört, und ergeben sich dadurch Behinderungen der Standposition eines Spielers oder behindern sie seine Puttlinie auf dem Green, kann er Erleichterung in Anspruch nehmen, muß dies aber nicht tun. Der Spieler kann sich den nächstgelegenen Punkt ohne Behinderung suchen und von dort den Ball spielen. Gegen die Regeln verstößt er dabei, wenn er den Ball näher zur Fahne legt. Der Ball darf auch auf dem Green aufgenommen, gereinigt und an die nächstmögliche Stelle plaziert werden.

Tip 110 Auf dem Grün gelten besondere Regeln

Zu den beliebten Fragen bei der Prüfung zur Platzreife gehört das Verhalten auf dem Grün. Hier gibt es besondere Regeln, die eben anders abgefaßt sind als Regeln, die auf dem übrigen Bereich des Golfplatzes gelten. Wichtig zu wissen:

Die Putt-Linie darf nicht berührt werden.

Ausnahmen:

- Der Spieler beseitigt lose Naturstoffe, Sand oder Erdreich; er darf dabei nichts niederdrücken.
- Der Spieler mißt nach.
- Der Spieler stellt beim Ansprechen des Balls den Schläger vor den Ball.
- Der Spieler nimmt den Ball auf.
- Der Spieler entfernt bewegliche Hemmnisse.
- Der Spieler bessert Lochpropfen oder Einschlaglöcher aus.

Der Ball darf aufgenommen und auf Wunsch gereinigt werden. Er muß an die Stelle zurückgelegt werden, an der er aufgenommen wurde.

Tip 111 Den »Ball im Spiel« beachten

Grundsätzlich gilt: Ein Ball ist im Spiel, sobald der Spieler auf dem Abschlag einen Schlag ausführt. Er bleibt so lange im Spiel, bis er schließlich eingelocht ist. Ein Spieler kann auch den Ball nicht ohne Grund aus dem Spiel nehmen.

Von dieser Regel gibt es Ausnahmen. Der Ball ist nicht mehr im Spiel, wenn er verlorengeht – zum Beispiel in hohes Gras geschlagen und nicht gefunden wird. Der Ball ist ebenfalls nicht mehr im Spiel, wenn er durch einen anderen den Regeln entsprechend ersetzt wird. Der Ball ist auch nicht mehr im Spiel, wenn er ins Aus geschlagen wird.

Was Anfänger oft nicht beachten: Der Ball ist auch im Spiel, wenn er am Abschlag unglücklich getroffen wird und durch die Schwungbewegung nur vom Tee rollt.

Sprechen Sie Golfer-Deutsch

Es geht kaum – ohne. Gemeint ist, die wichtigsten Begriffe aus der Welt des Golfs zu kennen. Das gilt bereits für die Vorbereitung zur Platzreife, zur Prüfung und zum Spiel – egal, welches Handicap man vorweisen kann. Aber auch für die Unterhaltung unter Golfsportlern ist das einschlägige Vokabular von großer Bedeutung. Es entscheidet fast schon über »in« und »out« in diesem illustren Kreis. Die wichtigsten Begriffe aus dem Golfsport sind hier zusammengefaßt.

Abschlag
Drei Bedeutungen hat dieser Begriff. Als Abschlag wird der erste Schlag auf jeder Spielbahn bezeichnet. Schlägt man Bälle von der Driving Range, dann geht man zum »Abschlagen«. Schließlich wird die Stelle, an der der erste Schlag auf einer Spielbahn auszuführen ist, als Abschlag bezeichnet. Man könnte ihn auch als den Startplatz einer Spielbahn bezeichnen.

Abschwung
Der Schläger bewegt sich auf den Ball zu – er wird praktisch in den Ball hinein geschwungen.

Addressieren
Siehe »Ansprechen«.

Albatros
Wem es gelingt, drei Schläge unter Par des Lochs zu bleiben, hat einen Albatros gespielt.

Annähern
Beim Annähern werden Schläge ausgeführt, bei denen zum Beispiel nicht direkt auf die Fahne gespielt wird. Meist aus Sicherheit und um nicht weitere unnötige Schläge zu riskieren, versucht man, sich dem Ziel anzunähern. Die entsprechenden Schläge heißen Annäherungsschläge.

Ansprechen
Der Ball liegt schlagbereit. Der Spieler nimmt die Schlagposition ein und setzt den Schläger unmittelbar vor der Schlagbewegung auf. Der Ball darf dabei nicht berührt werden. Im Sandbunker darf der Schläger auch nicht auf den Sand aufgesetzt werden. Im Golfer-Deutsch: Der Ball wird addressiert.

As
Siehe »Hole-in-one«.

Aufnehmen des Balls
Für den Fall, daß der Ball während des Spiels aufgenommen wird, gelten verschiedene Regeln.

Aufschwung
Der Schläger wird vom Ball weg geschwungen.

Aus
Bezeichnung der Grenze, außerhalb derer nicht gespielt werden darf. Sie ist nach den Regeln besonders markiert.

Away
Der Ball, der am weitesten von der Fahne entfernt liegt und deshalb auch als erster gespielt werden muß.

Backspin
Bezeichnung für den Rückwärtsdrall eines Balls, der durch eine schräge Stellung des Schlägerblatts verursacht wird. Ein Ausdruck, den Golflehrer oft im Unterricht verwenden.

Backswing
Englischsprachige Bezeichnung für Rückschwung.

Bag
Typische Golfertasche, in der die Schläger, Bälle und sonstiges Zubehör transportiert werden.

Golftaschen gibt es in den verschiedensten Ausführungen und Designs. (Foto: Spalding/Fetzer)

Ball
Der zugelassene Golfball ist rund bzw. kugelförmig, er darf höchstens einen Durchmesser von 42,67 Millimetern und ein Höchstgewicht von 45,93 Gramm aufweisen.

Golfers-Traum: Gute Bälle. (Foto: Spalding)

Ball im Spiel
Grundsätzlich gilt ein Ball als »im Spiel« vom Abschlag bis zum Einlochen. Um die Definition »Ball im Spiel« gibt es noch bestimmte Regeln bzw. Definitionen.

Ball-Ziel-Linie
Die gedachte Linie zwischen Ball und Ziel. Sie ist wichtig für den Stand des Spielers und für die Ausrichtung des Schlägerkopfes.

Der Baseball-Griff.

Baseball-Griff
Bei diesem Griff umfassen die Hände den Griff des Schlägers so, daß die Finger beider Hände eng nebeneinander liegen.

Best Ball
Ein Wettspiel, bei dem zwei Spieler gegen zwei andere spielen. Notiert wird jeweils die niedrigste Anzahl an Schlägen einer Partei.

Bewegt
Sobald ein Ball seine Lage verändert, gilt er als »bewegt«.

Birdie
Ein Schlag unter Par des jeweiligen Lochs.

Blast
Wenn der Ball sehr stark aus dem Sand herausgespielt wird.

Blatt
Mit diesem Begriff wird im Golfsport das Schlägerblatt bezeichnet.

Blind Hole
Ein Loch, das beim Abschlag oder auch beim Annäherungsschlag nicht gesehen werden kann.

Boden in Ausbesserung
Es handelt sich um einen durch Pfosten und Linien gekennzeichneten Teil des Platzes. Für »Boden in Ausbesserung« gibt es gesonderte Regeln.

Bogey
Ein Schlag über Par des jeweiligen Lochs.

Bruttoergebnis
Summe der für eine Runde benötigten Schläge vor Abzug des Handicaps.

Bunker
Ein Hindernis für den Spieler, um den Schwierigkeitsgrad des Platzes zu erhöhen. Es handelt sich um eine Vertiefung im Boden. Meist ist sie mit Sand gefüllt.

Caddie
Der Caddie trägt die Golftasche und berät auch den Spieler. Als Anfänger oder als Normalspieler wird man sich kaum einen Caddie leisten – ein Profi jedoch schon.

Chip
Ein kurzer Annäherungsschlag zum Grün. Der Golfer spricht auch vom »Chippen« und vom »Chip-and-run«.

Clubs
Englischprachige Bezeichnung für Schläger.

Course
Englischsprachige Bezeichnung für Golfplatz, also alle 18 Bahnen.

Design
Die Form des Eisens oder des Holzes.

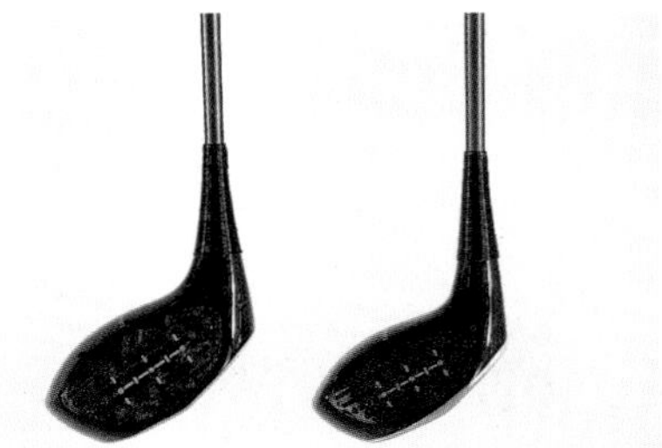

Unterschiedlich im Design: Holz für Männer (links) und Holz für Frauen (rechts). (Foto: Mizuno)

DGV
Abkürzung für »Deutscher Golf Verband«.

Divot
Bezeichnung für ein durch einen Golfschläger herausgeschlagenes Stück Rasen. Nach den Regeln muß es vom Spieler wieder eingesetzt und auch festgetreten werden.

Double Bogey
Zwei Schläge über Par.

Downswing
Für alle, die bei einem englischsprechenden Golflehrer Unterricht nehmen: Bezeichnung für den Abschwung.

Drive
Schlag mit dem Golfschläger aus der Abschlagzone.

Driver
Bezeichnung für einen besonderen Schläger – das Holz 1.

Driving Range
Heute übliche Bezeichnung für den Übungsplatz, auf dem meist auch der Golfunterricht stattfindet.

Drop
Fallenlassen des Balls. Nach bestimmten Regeln wird »gedroppt«. Auf manchen Plätzen gibt es auch eine »Droppingzone«.

Durchschwung
Der Schläger schwingt durch in Richtung zum Ziel.

Eagle
Zwei Schläge unter Par eines Lochs.

Ehre
Die »Ehre« bezieht sich beim Golf auf das Recht, als erster abschlagen zu dürfen. Diese Ehre gebührt beim ersten Abschlag dem Spieler mit dem niedrigsten Handicap. Beim zweiten Abschlag hat jener Spieler »die Ehre«, der am vorhergehenden Loch die wenigsten Schläge benötigte.

Eisen
Schlägertyp, der meist für mittlere und kurze Distanzen eingesetzt wird.

Ergebnis
Summe der Schläge einer Runde.

Erleichterung
Unter bestimmten Bedingungen und Voraussetzungen darf der Spieler seinen Ball so legen, daß er ihn besser schlagen kann – er darf also »Erleichterung« in Anspruch nehmen.

Etikette
Wie die Etikette die Umgangsformen im normalen Leben festlegt, so gibt es auch eine Etikette speziell für das Golfspiel.

Face
Fläche des Schlägerkopfes, mit der der Ball getroffen werden soll.

Die Rillen in der Schlägerfläche sind horizontal angeordnet. Sie fördern den Drall und somit die Ballkontrolle. (Foto: Mizuno)

Fahne
Das Loch wird mit einer Fahne auf einem Fahnenstock gekennzeichnet. Sie zeigt auf weite Sicht das Ziel und die Schlagrichtung an.

Fairway
Bezeichnung für die gemähte Fläche – auch Spielbahn genannt – zwischen Abschlag und Grün (Green).

Flagge
Siehe »Fahne«.

Flight
Da Golfspieler gern Wörter aus der englischen Sprache benutzen: Zum einen die Bezeichnung für die Flugbahn eines Balls, zum anderen der Name der Spielergruppe, die gemeinsam den Platz bespielt.

Fore
Wer dieses Wort hört, sollte auf dem Golfplatz sofort in Deckung gehen. Mit dem Ausruf »Fore!« werden Personen gewarnt, die eventuell durch einen Ball getroffen werden können. Ein Spieler, der um Ruhe bittet, sagt ebenfalls »Fore«.

Gewichtsschwerpunkt
Jener Punkt des Schlägers, an dem das Gewicht konzentriert ist.

Variierende Gewichtsschwerpunkte erleichtern die gewünschte Flugbahn. Der Schläger mit der schwarzen Markierung (unten) hat das Gewicht im oberen Bereich, der Schläger mit der roten Markierung (Mitte) hat es im mittleren Bereich und der Schläger mit der grünen Markierung (oben) im Sohlenbereich. (Foto: Bridgestone)

Green
Bezeichnung für das »Grün« – also die kurzgeschnittene und besonders präparierte Rasenfläche um das Loch.

Greenfee
Gebühr, die für das Benutzen eines fremden Platzes bezahlt werden muß – also nicht dem clubeigenen.

Greenkeeper
Steht für die simple deutsche Berufsbezeichnung »Platzarbeiter«. Er ist verantwortlich für die Pflege und den guten Zustand des Platzes.

Griff
Mit dem Wort wird sowohl der obere Teil des Golfschlägers bezeichnet als auch die Art, wie der Schläger in den Händen gehalten wird.

Grip
Englischsprachige Bezeichnung für Griff.

Grün
Siehe »Green«.

Handicap
Bezeichnung für die Spielstärke eines Golfspielers. Je niedriger das Handicap eines Spielers, um so besser sein Spiel.

Hemmnis
Alles Künstliche auf einem Platz – eingeschlossen künstlich angelegte Oberflächen und Begrenzungen von Straßen und Wegen.

Hindernis
Typische Hindernisse sind stehende Wasser oder Gewässer und Bunker.

Hole
Englischsprachige Bezeichnung für das Loch, in das der Ball eingelocht werden muß.

Hole-in-one
Wenn es einem Spieler gelingt, vom Abschlag den Ball einzulochen, so spricht man von »Hole-in-one« oder von »As«. Mit einem Schlag den Ball in das Loch zu bekommen, erlebt kaum ein Golfer.

Holz
Übliche Bezeichnung für einen Schläger für große Weiten mit einem Schlagkopf aus Holz, Metall oder Kunststoff. Begehrt sind Hölzer mit Graphitschichten.

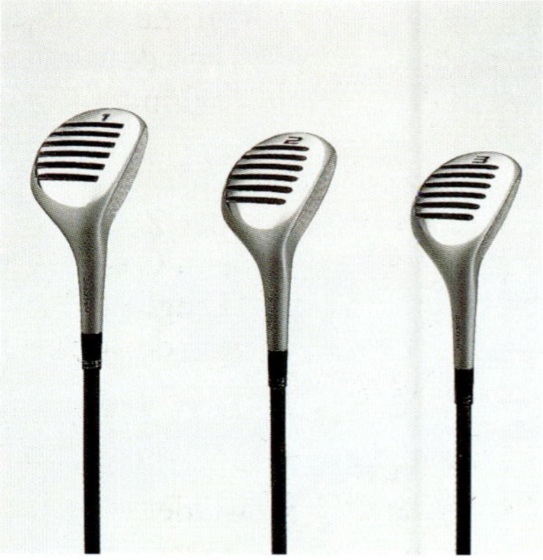

Verschiedene Metallhölzer für lange Schläge. (Foto: Bridgestone)

Deutlich zu sehen ist bei diesem Holz die Graphitschicht. (Foto: Spalding)

Hook
Die Flugbahn des Balls beschreibt eine Linkskurve.

Hosel
Verbindungsstück zwischen dem Schaft des Golfschlägers und dem Schlägerkopf.

Identifizieren eines Balls
Da der Spieler verantwortlich für seinen Ball ist, muß er diesen auch jederzeit identifizieren können. Er sollte sich deshalb Farbe und Marke bzw. Nummer merken. Zum Zweck der Identifizierung darf der Spieler den Ball straffrei aufnehmen.

Interlocking-Griff
Ein Griff, bei dem der Zeigefinger der unteren Hand beim Greifen des Schlägers zwischen Ringfinger und dem kleinen Finger der oberen Hand liegt.

Kurzes Spiel
Mit kurzem Spiel werden Annäherungsschläge bezeichnet.

So entsteht der Interlocking-Griff.

Der Interlocking-Griff.

Langes Spiel
Schläge über große Weiten, die meist mit Hölzern oder langen Eisen ausgeführt werden.

Loch
Das Loch, in dem der Ball sein Ziel finden soll, muß mindestens 4 Inch (100 Millimeter) tief sein und einen Durchmesser von 4,25 Inch (108 Millimeter) aufweisen. Mit Loch wird auch die Spielbahn zwischen dem Abschlag und dem Loch, in das der Ball eingelocht werden muß, bezeichnet.

Lochspiel
Eine Spielvariante des Golfs, bei der die gewonnenen Löcher gezählt werden – auch Matchplay genannt.

Loft
Bezeichnung für den Neigungswinkel zwischen dem Schlägerblatt und der Schlägersohle.

Lose hinderliche Naturstoffe
Natürliche Gegenstände auf dem Platz wie Steine, Zweige, Äste, Blätter, Würmer, Insekten, Kot usw.

Matchplay
Siehe »Lochspiel«.

Midwoods
Schläger mit holzähnlicher Kopfform, die Länge und Lofts entsprechender Eisen haben.

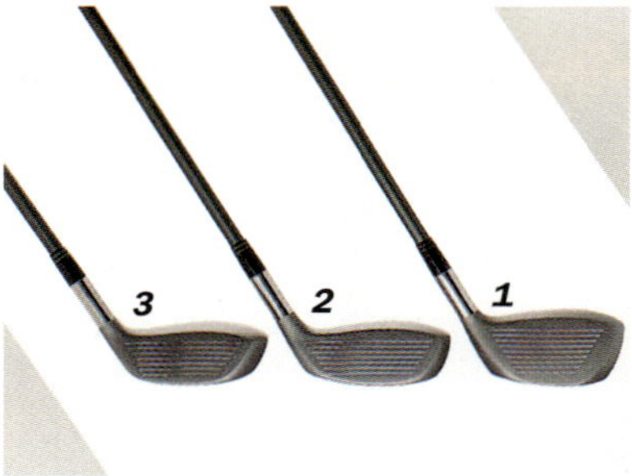

Lange Eisen sind bekanntlich schwerer spielbar. Bei den Midwoods entsprechen Länge und Loft den jeweiligen Eisen – wie hier auf dem Bild den Eisen 1, 2 und 3. Mit den Midwoods ist es leichter, den Ball zu treffen. (Foto: Bridgestone)

Nettoergebnis
Summe der für eine Runde benötigten Schläge nach Abzug des Handicaps. Auch »Net Score« genannt.

Offen
Damit sind bestimmte Positionen beim Schlag gemeint. Der Stand kann offen sein (Fußspitzen nicht parallel zur Ziellinie), aber auch der Griff beim Halten des Schlägers.

Overlapping-Griff
Bei dieser Griffvariante liegt der kleine Finger der den Griff oben festhaltenden Hand auf dem Zeigefinger oder zwischen Zeigefinger und Mittelfinger der unteren Hand. Oft ist für diesen Griff auch die Bezeichnung »Vardon-Griff« nach dem berühmten englischen Golfspieler Harry Vardon zu hören.

Der Overlapping-Griff, auch Vardon-Griff genannt.

Par
Übliche Bezeichnung für die Schlagvorgabe eines Lochs. Sie ist auf den Plätzen angegeben. Wer diese Zahl erreicht, »spielt Par«.

Pitchen
Mit einem kurzen Schlag soll der Ball auf das Grün gebracht werden.

Pitching Wedge
Schläger mit speziellem Neigungswinkel der Schlagfläche, um Schläge mit hoher Flugbahn zu erzielen.

Platz
Auch Golfplatz genannt. Bezeichnung der gesamten Fläche, auf der gespielt werden kann.

Platzregeln
Im Golfsport gibt es ein allgemein gültiges Regelwerk und zusätzlich spezielle Regeln, die für einen bestimmten Golfplatz gelten. Allerdings ist es nicht erlaubt, durch einzelne Platzregeln die gültigen Golfregeln zu unterlaufen.

Platzreife
Wer die Prüfung zur Platzreife bestanden hat, darf ohne Trainer auf einem Platz spielen. Die Prüfung bezieht sich auf die Golfregeln und die Technik des Spiels sowie auf die Etikette.

Platzwart
Ist für den Platz verantwortlich und deshalb ein wichtiges Organ des Golfclubs.

Pro
Bezeichnung für Golflehrer und Berufsspieler.

Prorette
Neben Pro die Bezeichnung für weibliche Golflehrer und Berufsspieler.

Provisorischer Ball
Nimmt ein Spieler an, daß sein Ball im Aus ist oder daß er ihn nicht finden wird, kann er einen »provisorischen Ball« schlagen.

Putt
Schlag auf dem Grün in Richtung des Lochs. Dazu wird im allgemeinen ein besonderer Schläger – der »Putter« – verwendet.

Putten
Schlagen des Balls auf dem Grün – meist mit dem »Putter«.

Putter
Spezieller Schläger für das Putten auf dem Grün. Er ist völlig anders gebaut als die üblicherweise eingesetzten Schläger.

Putting Green
Ein Grün, das speziell zum Üben von Putts angelegt ist.

Puttlinie
Gedachte Linie für Putts.

Rabbit
Meist werden damit Golfer ohne Handicap bezeichnet.

Rough
Im allgemeinen Bezeichnung für hohes Gras außerhalb der Spielbahn.

Rückschwung
Phase der Schwungbewegung beim Schlagen eines Golfballs. Der Schläger wird vom Ball weg geschwungen. Man kann den Rückschwung auch als erste Phase des Schlags bezeichnen.

Runde
Bezeichnung für eine Golfrunde, die im allgemeinen 18 Löcher einschließt.

Sand Wedge
Spezieller Schläger für das Herausschlagen eines Balls aus einem Sandbunker bzw. Sandhindernis.

Schaft
Bezeichnung für den Teil des Golfschlägers, der sich zwischen Schlägerkopf und Griff befindet.

Schlag
Schwungbewegung, um mit dem Schläger den Ball zu schlagen.

Schlagfläche
Die gesamte Fläche, mit der der Ball getroffen werden kann.

Ein Schläger mit Aluminium in der Schlagfläche. Dadurch wird die Treffzone vergrößert. Das schwere Material ist stärker nach außen gewichtet. (Foto: Bridgestone)

Schläger
Spezielle Sportgeräte zum Schlagen des Golfballs. Der Golfspieler bedient sich mehrerer Schläger mit unterschiedlichen Neigungswinkeln der Schlagfläche, verschieden langen Schäften und verschieden geformten Schlägerblättern.

Schlägerblatt
Bezeichnung der Schlagfläche von Golfschlägern.

Score
Bezeichnung für die Anzahl der Schläge.

Scorekarte
Spezielle Zählkarte, auf der die Anzahl der Schläge pro Loch notiert werden und abschließend das Gesamtergebnis errechnet wird.

Seitliches Wasserhindernis
Wasserhindernis oder Teil davon, bei dem es nach Meinung der Spielleitung nicht möglich ist, einen Ball entsprechend den Regeln hinter dem Wasserhindernis zu droppen. Seitliche Wasserhindernisse sind im allgemeinen durch rote Pfosten oder Linien gekennzeichnet.

Semi-Rough
Halbhohes Gras.

Set of Clubs
Bezeichnung für den Schlägersatz.

Shot
Bezeichnung für einen Schlag.

Slice
Ein geschlagener Ball, dessen Flugbahn nach rechts zeigt.

Sohle
Untere Kante des Kopfes eines Schlägers.

Spielbahn
Die zu bespielende Strecke zwischen Abschlag und Fahne.

Stableford
Eine besondere Spielform. Es wird nach Punkten gerechnet, die im Verhältnis zum Par bzw. Netto-Par an jedem Loch erzielt worden sind. Bei vier Schlägen unter Par gibt es sechs Punkte, bei drei unter Par fünf Punkte, bei zwei unter Par vier Punkte, bei eins unter Par drei Punkte, bei Par zwei Punkte, bei eins über Par einen Punkt und zwei und mehr Schläge über Par keinen Punkt.

Stand
Position der Füße zur Vorbereitung eines Schlages.

Strafschlag
Wird zur tatsächlichen Schlagzahl addiert. Die Gründe für Strafschläge ergeben sich aus den Regeln.

Sweet Spot
Putter haben einen Sweet Spot. Er ist gekennzeichnet. Trifft man mit diesem Punkt den Ball, rollt er gleichmäßig.

Tee
Ein oben verbreiteter Stift, der in den Boden gesteckt wird. Die Verbreiterung dient dem Auflegen des Balles. Das Tee wird jeweils beim Abschlag benutzt.

Golfbälle auf Tees.

Top, Toppen
Ein Ball ist »getoppt«, wenn er oberhalb seines Zentrums getroffen wird. Die Folge: Der Ball kann nicht korrekt geschlagen werden.

Tot legen
Begriff für eine Situation, bei der der Ball so nahe an die Fahne gespielt wird, daß er beim nächsten Schlag problemlos eingelocht werden kann.

Treffmoment
Der Augenblick, in dem der Schläger den Ball trifft.

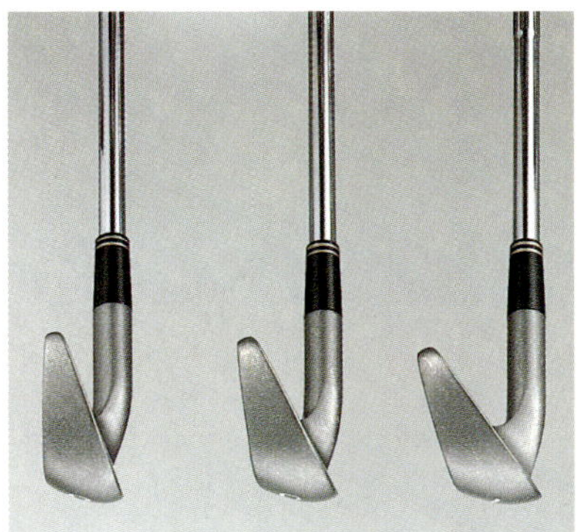

Anfänger machen immer wieder den Fehler, den Ball zu früh zu treffen. Dadurch kommt es zu dem berüchtigten »Slice«. Bei diesen Eisen mit einem unterschiedlich angelegten Offset ist die Schlagfläche zurückversetzt. Der Ball wird so später getroffen. (Foto: Bridgestone)

Triple Bogey
Drei Schläge über Par.

Trolley
Bezeichnung für einen Golfwagen.

Wichtig für die Ausrüstung: ein Trolley. Empfehlenswert ist ein zusammenklappbarer Wagen. (Foto: Spalding/Fetzer)

Unspielbarer Ball
Ein Spieler kann jederzeit seinen Ball als unspielbar erklären – außer er liegt im Wasserhindernis oder berührt es. Wie – unter Hinzurechnung eines Strafschlags – der Ball weitergespielt werden darf, legen die Golfregeln fest.

Vardon-Griff
Siehe »Overlapping-Griff«.

Verlorener Ball
Der Ball ist verloren, wenn er fünf Minuten nach Aufnahme der Suche nicht gefunden wurde, ein anderer Ball in das Spiel gebracht wurde, ohne den ursprünglichen zu suchen, oder nach den Regeln ein provisorischer Ball zum Ball im Spiel wurde.

Vierer
Wettspiel, bei dem vier Spieler in zwei Mannschaften gegeneinander spielen. Jede Mannschaft spielt aber nur mit einem Ball.

Vorgabe
Bezeichnung für die Spielstärke eines Golfers – auch »Handicap« genannt.

Wasserhindernis
Meer, See, Teich, Fluß, Graben, aber auch sonstige offene Wasserläufe (müssen kein Wasser enthalten) und ähnliches.

Wedge
Spezieller Golfschläger. Er wird hauptsächlich für Schläge aus Bunkern – zum Beispiel Sandbunker – und für Annäherungsschläge verwendet.

Woods
Bezeichnung für Schläger mit einem Schlägerkopf aus Holz.

Zählkarte
Siehe »Scorekarte«.

Zählspiel
Die Schläge der Platzrunde werden gezählt. Wer die wenigsten Schläge benötigt, ist Sieger.

Zehn-Finger-Griff
Alle Finger berühren den Schlägergriff – auch Baseball-Griff genannt (siehe dort).

Zeitweiliges Wasser
Eine nur temporäre Wasseransammlung auf dem Spielfeld. Dafür gibt es besondere Regeln.

Zweier
Ein Spieler tritt gegen einen anderen an – auch »Single« genannt.

Weitere Titel aus dem humboldt-Programm zum Thema Sport & Fitneß

Windsurfen	*ht 305*
Squash	*ht 360*
Judo – Karate – Taekwon-Do	*ht 372*
Tennis: Schlagtechnik	*ht 420*
Mit Pferden richtig umgehen	*ht 427*
Judo	*ht 454*
Karate	*ht 493*
Das ist Golf!	*ht 584*
Ju-Jitsu	*ht 646*
Reiten – mein Hobby	*ht 679*